2040年

自治体の未来はこう変わる!

THE FUTURE OF LOCAL GOVERNMENT

今井 照
AKIRA IMAI

学陽書房

プロローグ

もう一つの自治体の未来へ

この本は、これからの地域社会や自治体はどんなふうになるのだろうか、そのために今、何を準備したらいいのか、ということを考えるための本です。つまり自治体の未来についてのインデックスです。

２０１８年7月、総務省に置かれた自治体戦略２０４０構想研究会が第二次報告を公表しました。そこには「個々の市町村が行政のフルセット主義と他の市町村との勝者なき競争から脱却」するべしと書かれている。至言です。「そのとおり！」と大向こうから掛け声を上げたくなる。

ところがその後がいけない。また同じ過ちを繰り返そうとしている。「圏域単位での行政のスタンダード化」という戦略は、近年で言えば「定住自立圏」「連携中枢都市圏」など、これまで繰り返し唱えられ、失敗してきたことを再現するかのようです。

よくよく考えてみれば、市町村に「行政のフルセット主義」を求めて進められたのが国策としての市町村合併であり、「勝者なき競争」を強いてきたのが国策としての「地方創生」

でした。その結果生じているのが、いびつな都市構造と豊かさを実感できない地域社会や市民生活です。

本書では、厳しい環境ながらも自治体や地域社会には未来があるということを示したいと思います。研究会報告書と似たようなデータを使い、似たような分析を行いながら、もう一つの自治体の未来を展望します。

本書で提示する自治体の使命（ミッション）は、「今日と同じように明日も暮らし続けられる」ということを市民に保障することです。一見すると保守的に聞こえるかもしれませんが、激変する環境でこのことを実現するためには、よほどの構想力と創造性が必要です。一方的に上から法律や制度をかぶせれば解決がつくようなものではない。むしろこのミッションから見ればそれは邪魔になるだけです。

このような確信を持つに至ったのは、それぞれの地域で奮闘している役所やその職員、市民たちの活動を見聞しているからです。この一冊がそういうみなさんの手に届くことを祈っています。

今井　照

CONTENTS

PART 1

地域社会の未来

―空想からリアルへ―

PART 2

地域政策の未来

― 成長幻想から生活の質へ ―

CONTENTS

PART 3

自治体行政の未来

― 公務活動から社会起業へ ―

PART 4

自治体財政の未来

― ビルドからメンテナンスへ ―

PART 5

自治体の未来構想
― 行政から政治へ ―

PART 6

自治のゆくえ
― 標準化から多様性へ ―

PART 1

地域社会の未来

空想からリアルへ

人口問題

「東京へ行くな」と言っても人口減少は止まらない!

扇動に惑わされない

今後、日本の人口が減少する。このことは抗うことができない事実です。【図表1―1】は、これまでの日本の人口の推移とこれからの将来推計を合体させたものです。確かに2008年をピークに日本の人口は減少し始めています。

仮に、少子化対策が功を奏して、明日から突然子どもがたくさん生まれ始めても、この流れを変えるには二世代から三世代の期間が必要ですから、私たちが生きている間、人口減少傾向は変わらない。つまり、人口減少は私たちに与えられた条件です。だから、私たちが考えなくてはならないのは、**人口減少が進んでもみんなが地域で暮らしていけるようなしくみを整えること**です。もう一度【図表1―1】を見てください。明日、急に人口が減るわけではない。まだまだ時間をかけてじっくり取り組むことができます。

図表 1–1 ／日本の総人口の推移（1921 ～ 2065年）

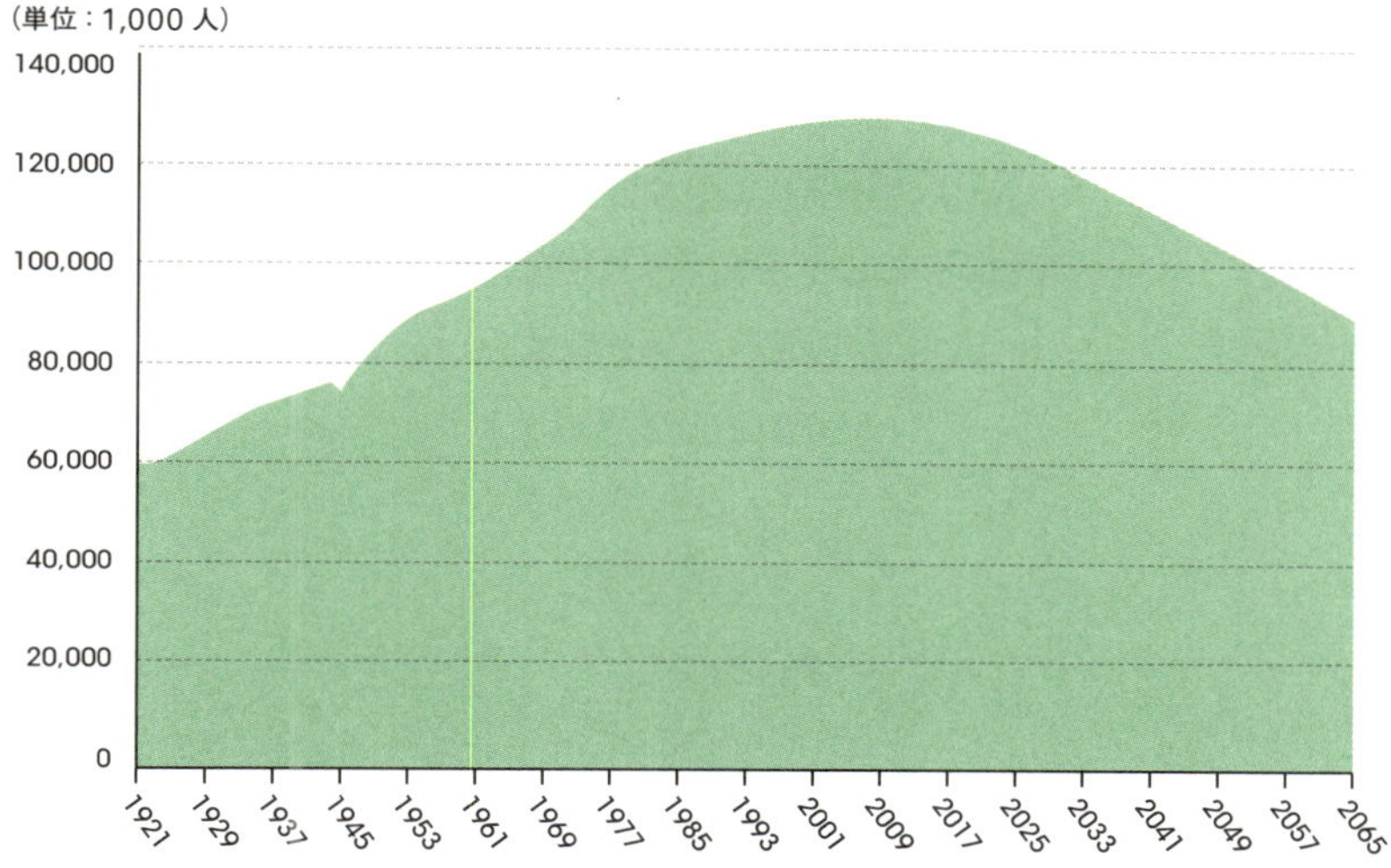

〔注〕各年 10 月 1 日現在。1945 ～ 1970 年は沖縄県を除く。
〔出所〕総務省統計局「日本統計年鑑」各年版、国立社会保障・人口問題研究所「日本の将来推計人口」から筆者作成

現在の人口減少は、自然減に原因がある

人口減少が進んでも、みんなが地域で暮らしていけるようなしくみを考えるために、まず人口減少の要因のポイントを整理します。

最新の人口推計では、秋田県の人口減少が著しいと予想されているので、ひとまず秋田県を事例に取り上げます。秋田県が特別な事例ということではなく、将来的にどの都道府県もほぼ秋田県と同じ動きになるからです。そういう意味で全国の先進事例と言えます。

【図表1―2】は、秋田県の人口推移を

図表１-２／秋田県人口の社会増減・自然増減の推移

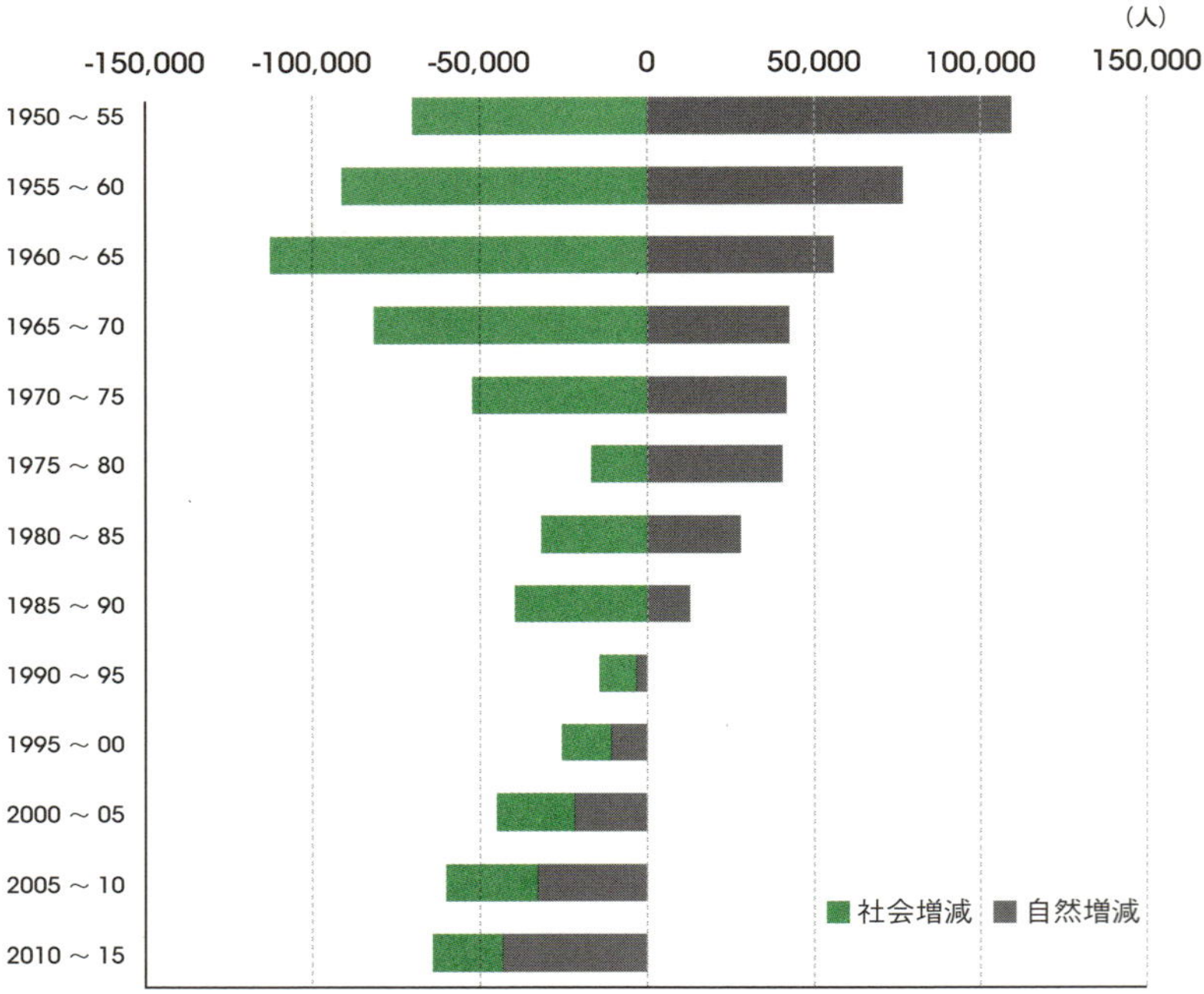

〔出所〕総務省統計局「国勢調査」から筆者作成

自然増減と社会増減に分けてみたものです。自然増減とは、出生者数と死亡者数との差で、社会増減とは、転出者数と転入者数の差です。すぐにわかることは、秋田県では１９５０年代後半から人口減少が起きているということです。70年代後半に一時的に人口増が見られますが、秋田県にとって人口減少は昨日や今日の新しい現象ではない。秋田県内の自治体はずっとこの問題に立ち向かってきたのです。実は、秋田県だけではなく、多くの県が80年代や90年代から人口が減少し続けている。

次にこの図からわかるのは、90年代から自然減になっていることです。それまでは秋田県から転出していく人たちを自然増、つまり新しく生まれてくる人たちが補ってきた。ところが、90年代から自然減が始まったので、人口減少がさらに進んだのです。

多くの人たちがここを見誤っています。**現在の人口減少は秋田県から東京圏などに転出する人たちが多いというよりは、自然減に主因があるのです。**

だから「東京へ行くな」「東京に来るな」という政策を打っても人口減少は止まらない。

大都市

首都圏で地域再編が起きている！

「東京一極集中」の勘違い

地域の人口減少の主因が自然減であるにもかかわらず、いまだに「東京へ行くな」「東京に来るな」といった政策がとられています。

たとえば、文部科学省は２０１７年９月29日、東京23区における大学の新設や定員増を今後２年間認めないという告示を出しました。全国知事会長らが出した緊急声明やその直前の閣議決定に基づく措置です。これに対して、東京都の知事や議会は猛反発し、規制緩和論者たちは「保護主義」だと批判している。しかし、私から見ればどちらもずれています。**人口減少の主因が変化していることをわかっていない**からです。

しかし、どうしてそんな議論が出てくるのかは想像できます。首都圏の中心部は、今もなお、タワーマンションや高層の業務ビルが次々と建設されるなど、再開発が進んでいる

図表1-3／東京23区への転入超過数

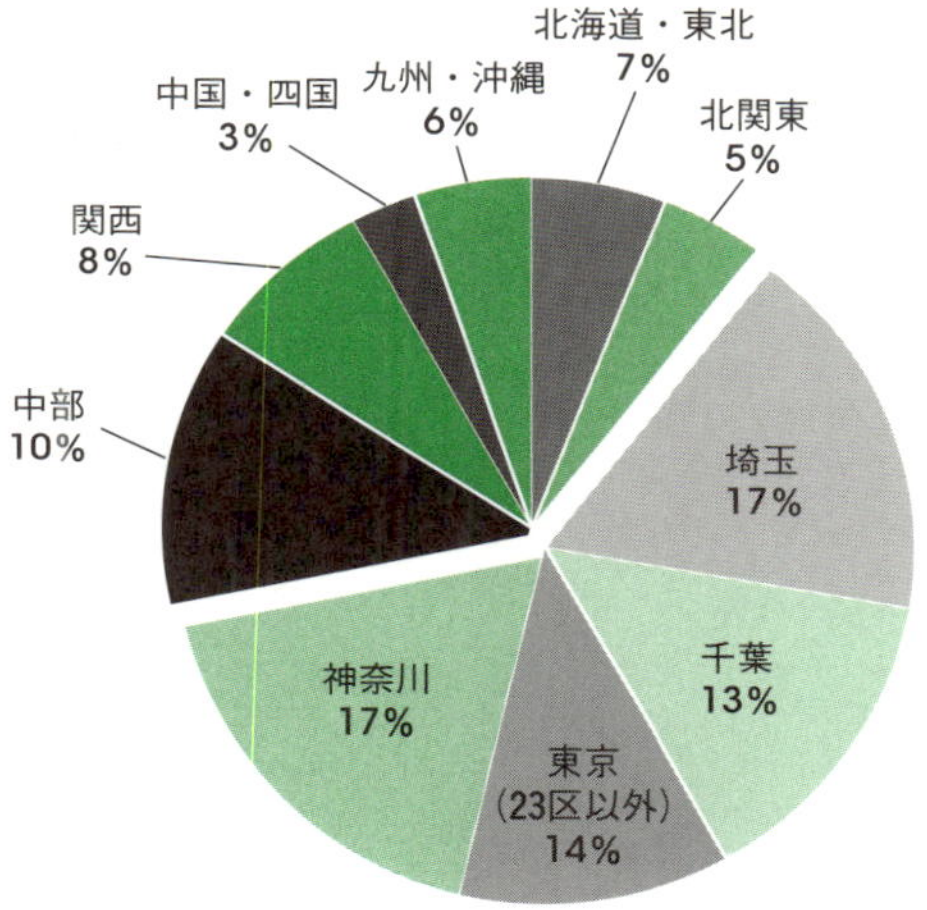

〔出所〕総務省統計局『住民基本台帳人口移動報告年報2017年』から筆者作成

からです。この光景だけを見れば、人口減少社会など、どこの世界の話かと思えるかもしれない。しかし、この背景にあるのは、主として首都圏内部での地域再編成なのです。【図表1―3】のとおり、**東京23区に転入してくるのは、過半が南関東からです。**

その反動として、首都圏郊外に空き家、空き地が生じている。一方、かつて首都圏郊外に住宅を取得した人たちが定年後も住み続けているので、首都圏郊外の高齢化が急速に進みます。これが「都市のスポンジ化」と呼ばれる現象を引き起こしています。

地方都市

増加する「都市のスポンジ化」をどう防ぐか？

地方都市のリアル

地方都市の主要道路にはロードサイド店が立ち並びます。バイパスができると、わっと立地して、あたかも賑わいがあるかのように見えますが、旧道は車通りが少なくなり、閉店する店舗もある。また、人口減少や高齢化が進むと、次々と業態変化が必要になり、場合によっては新しく立地したショッピングセンターやコンビニでさえも撤退します。その跡地や建物が再利用されればよいのですが、徐々に空き店舗のまま放置されるところが出てくる。

また、賃貸アパートも同じような運命をたどります。相続税対策や老後の資金不足に対応するために、不動産経営が奨励されていますが、これも地域に一定の人口が持続することを前提としています。事業所や大学などが地方都市から撤退すれば、賃貸アパートにも空室が生じる。住宅そのものが供給過剰なのです。

このように、**都市内部がランダムに空洞化していくこと**を、饗庭伸さん（首都大学東京）は「都市のスポンジ化」と呼びます（饗庭伸『都市をたたむ――人口減少時代をデザインする都市計画』花伝社、2015年）。首都圏では、これまで郊外と呼ばれてきた私鉄沿線の住宅地や街道沿いに目立ちます。

都市のスポンジ化は、それまでに整備されていた社会インフラ、たとえば道路や水道などの更新を難しくし、そこに住み続ける人たちにとっては、生活の利便性やその質を低下させることにつながります。

コンパクトシティの理想と現実

このような課題に対して「コンパクトシティ」という概念が以前から唱えられていました。2000年前後から国の施策にも取り入れられ、青森市（青森県）や津山市（岡山県）が成功事例として紹介されたこともあります。住宅や商業施設などの立地を都市中心部に誘導する施策です。

ところが、交付金や補助金などが施策の中心になるため、むしろ過大な施設を中心部に建設してしまい、債務超過になって破綻するという事例が出ている。2018年4月、青森市の再開発ビル「アウガ」を運営してきた第三セクターの青森駅前再開発ビルの特別清算手続きが終わりました。最終的に、青森市の債権放棄額は18億3400万円です。しかもそのビルの1～4階が市役所駅前庁舎に転用されたので、青森市民としては、予定していなかった負担を今後も背負うことになります。

津山市の「アルネ津山」も同じです。津山市の中心市街地のど真ん中に、あたかも巨大タンカーのようにそびえたつ複合施設がアルネ津山です。経営破綻後は、テナントとして市の施設（子育て支援施設、生涯学習施設等）を誘致し、市からの安定した収入を得るようにしました。その他、涙ぐましい努力を重ねていますが、要は、**市の予算や国の補助金が投入されることで息を継いでいるのです。**

どうしてこのような施設が計画されてしまったのか。実は当初の計画はもっと小規模だったらしいのです。ところが、この開発の前段で取り組まれた公的な住宅開発で大幅な赤字を出してしまい、その赤字を包み込むためには、計算上、大規模な再開発を計画しなければならなくなったとのことです。

コンパクトシティや中心市街地活性化関連の先進モデルとして国などからお金や融資もたくさんついたので、巨大な施設を建設するところまでは実現可能でした。しかし、たとえ当初の建設は可能でも、その後の経営は市場原理に左右される。津山市民は、「アルネ津山」がある限り、余分な負担を毎年支払い続けることになります。もし、**これがなければ、別の行政サービスを充実させることができたかもしれない。**

スポンジ化した土地をどう利用するか

そもそも都市のスポンジ化に対して、コンパクトシティという考え方は、解決策とはならないかもしれません。縮小社会では、ポツンポツンと空く穴を集め、面として再開発するという考え方に無理が生じます。机上の空論を強引に政策化すれば、第二、第三の「アウガ」か「アルネ津山」を生み出すだけです。

では、どうすればいいのか。結論から言うと、小さな穴を一つずつ埋めていくしかない。この穴は市場経済から見放された穴です。空き家や空き地になっても取り引きされないからです。逆に言うと、**市場経済では成り立たない事業に取り組むことが可能**とも言えるでしょう。

つまり、所有者の了解さえ得られれば、点在化した土地を無償で使うことができる。花の好きな人は花を植えればいいし、野菜を栽培してもいい。遊具を手作りして置けば子どもの遊び場になるかもしれないし、ベンチを置けば近所の人たちがラジオ体操をするかもしれない。

昔、入会地《いりあいち》と呼ばれる、地域の人たちが共同で利用する空間がありましたが、それを小規模にしたようなものです。点在する小さな空間だからこそ、意思決定や利用主体が少数で済むので、機動性や柔軟性もあります。こうした観点から、各地で「空き家活用プロジェクト」などが立ち上がっています。

農山漁村

未来を描くために必要な備えを！

集落支援員制度

中山間地を含む農山漁村で、今日と同じように明日を過ごすためには、いくつかの備えをしなくてはなりません。住民による活動が立ち上がっているところも少なくないですし、最近では農山漁村への移住生活を紹介する雑誌記事も多くなり、関心が高まっています。また、国や自治体による支援制度もあります。地域の実状はさまざまで、うまく回っているところもあれば、なかなか動かないところもありますが、**住民や地域社会の自発性と、それを妨げない行政の努力がポイント**です。

まず、集落支援員制度と地域おこし協力隊という二つの支援制度を見てみましょう。この二つの事業は、それまでの過疎対策が施設や設備中心に偏重していたのに対し、人に着目して支援するという点で画期的です。中山間地の自治体にも広く受け入れられ、【図表

図表1-4／集落支援員の推移

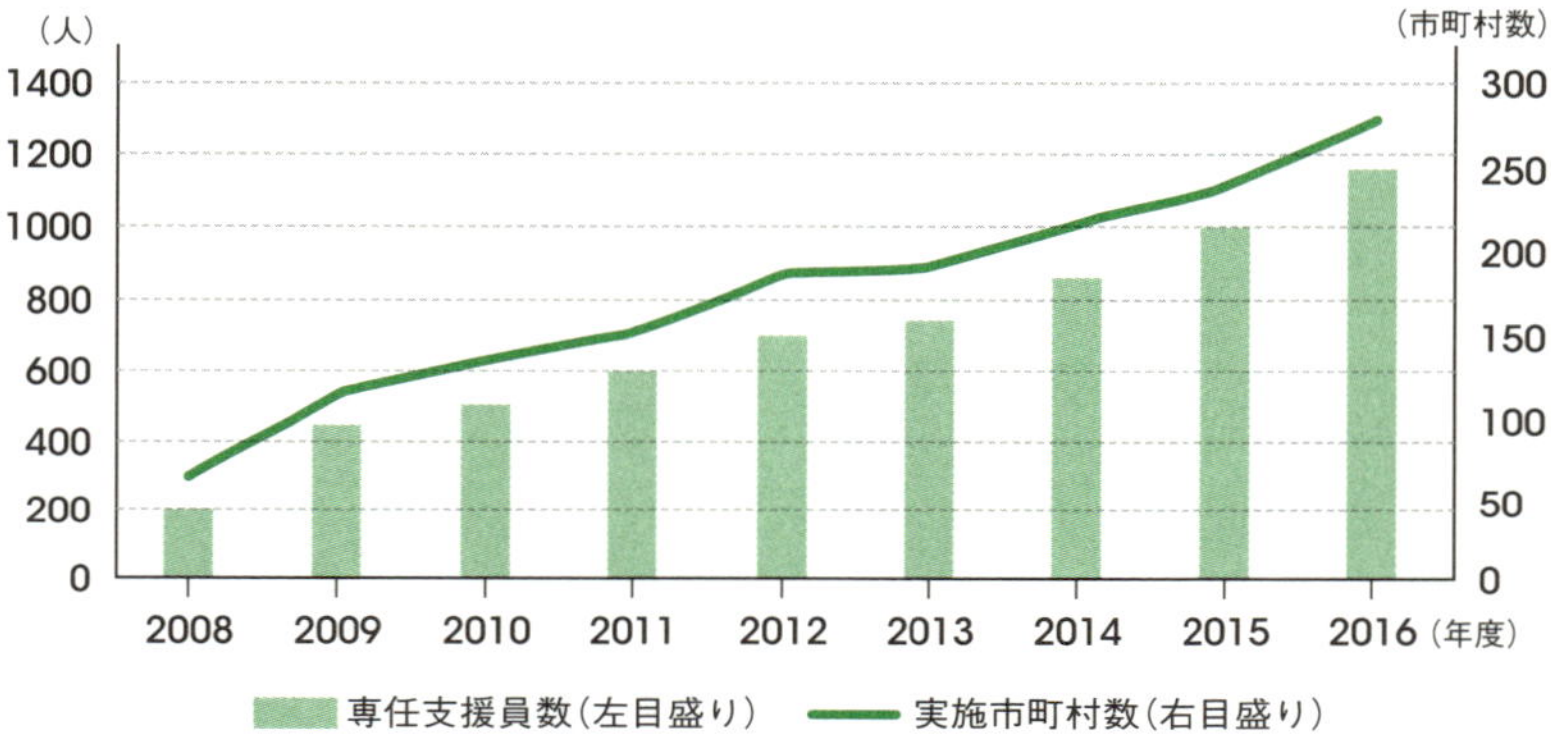

〔出所〕総務省資料から筆者作成

1―4】や【図表1―5】のように拡大しています。

総務省の資料によれば、集落支援員制度とは、**地域の実情に詳しく、集落対策の推進に関してノウハウ・知見を有した人材を、自治体が集落支援員として委嘱し、集落点検や集落のあり方についての話し合いを進めるというもの**です。

集落支援員制度は必ずしも中山間地の集落に限られたものではなく、また直接、人件費に補助金が出るわけではない。町会・自治会長と兼務でもかまわないことになっています。

定住率が高い地域おこし協力隊員

これに対して、**地域おこし協力隊は、地域外部からの人材投入を柱にしています。**支援も個人の活動に向けられているものなので、従前の公共政策の考え方か

図表1-5／地域おこし協力隊の推移

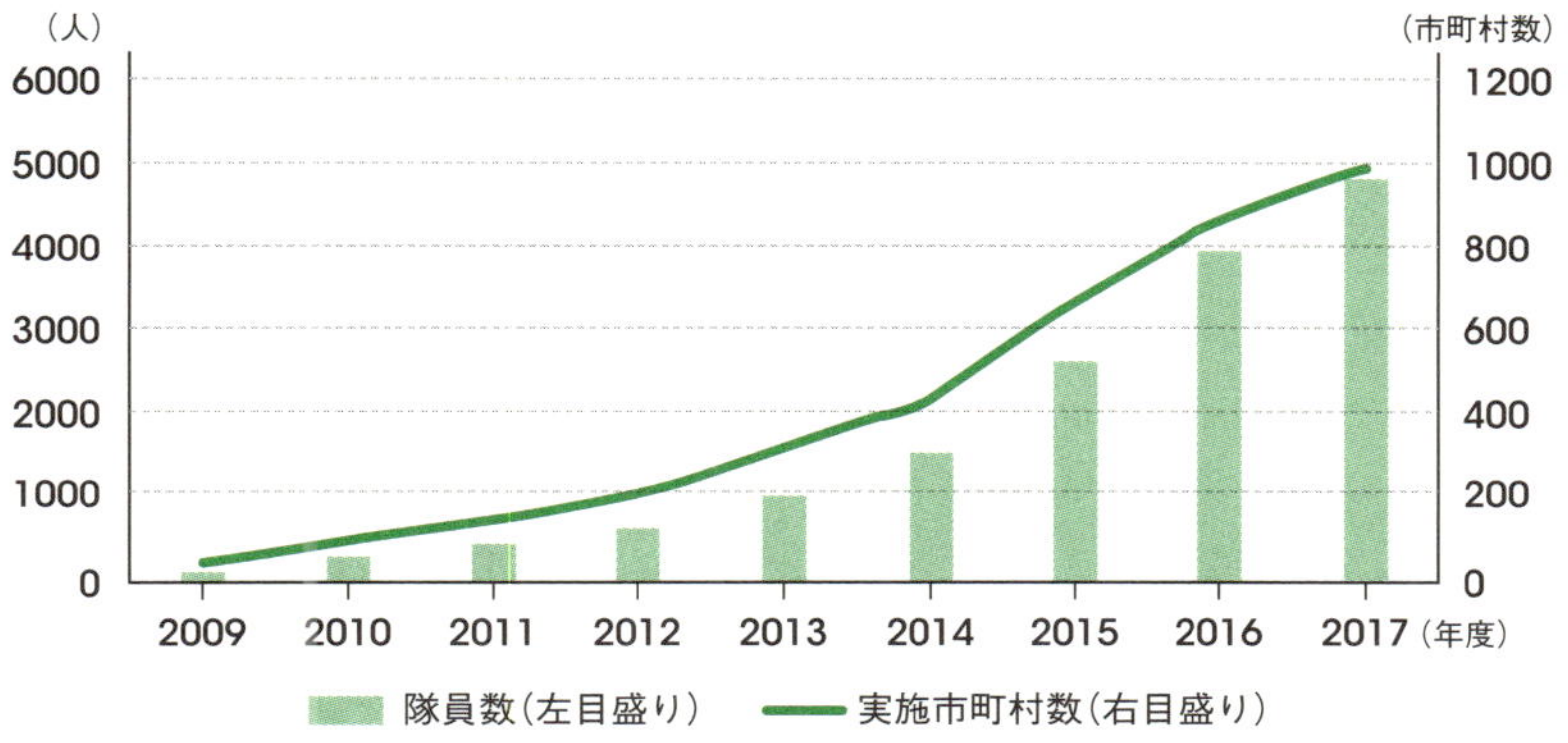

〔出所〕総務省資料から筆者作成

ら見るとかなり思い切った施策です。

総務省の資料によれば、都市地域から過疎地域等の条件不利地域に住民票を移し、生活の拠点を移した人を、自治体が地域おこし協力隊員として委嘱します。現実には隊員に内定した人が住民票を移す。隊員は一定期間（概ね1年以上3年以下）、地域に居住して、地域ブランドや地場産業の開発、販売等の地域おこしの支援や農林水産業への従事、住民の生活支援など、地域協力活動を行いながら、その地域への定住、定着を目指します。

この事業に対しては特別交付税として、隊員一人当たり400万円を上限とする活動経費（最大200万円から250万円までの報償費と、その他、旅費、消耗品費、事務経費、研修経費等）が支援されます。この他、隊員等の起業に要する経費が一人当たり100万円上限で、また隊員の募集に要する経費が一自治体当たり

２００万円上限で措置される。

２０１７年度現在で４，８３０人の隊員がいて、その約4割は女性、約7割が20歳代と30歳代とのことです。また、**任期終了後に約６割の隊員が同じ地域に定住しているとのことなので、地方への移住促進という側面から見れば、それなりに成果を上げていると言える**でしょう。９９７の市町村が取り組んでいるので、もはや二つに一つ以上の市町村が取り組んでいる状態です（この他に12の都道府県が取り組んでいる）。ただし、地域によっては応募がなく、困っているところもある。

また、似たような制度で農林水産省が取り組んでいる田舎で働き隊があり、こちらには２０１７年度現在で１４６人の隊員がいます。

若年世代に田園回帰志向

こうした事業が成立する背景には、田園回帰現象があると言われています。田園回帰現象は、小田切徳美さん（明治大学）や藤山浩さん（一般社団法人持続可能な地域社会総合研究所）などの活動や調査研究で広く知られるようになりました。

２０１７年に、総務省に置かれた、「田園回帰」に関する調査研究会が行った都市住民

図表1-6／農山漁村地域に移住したいか

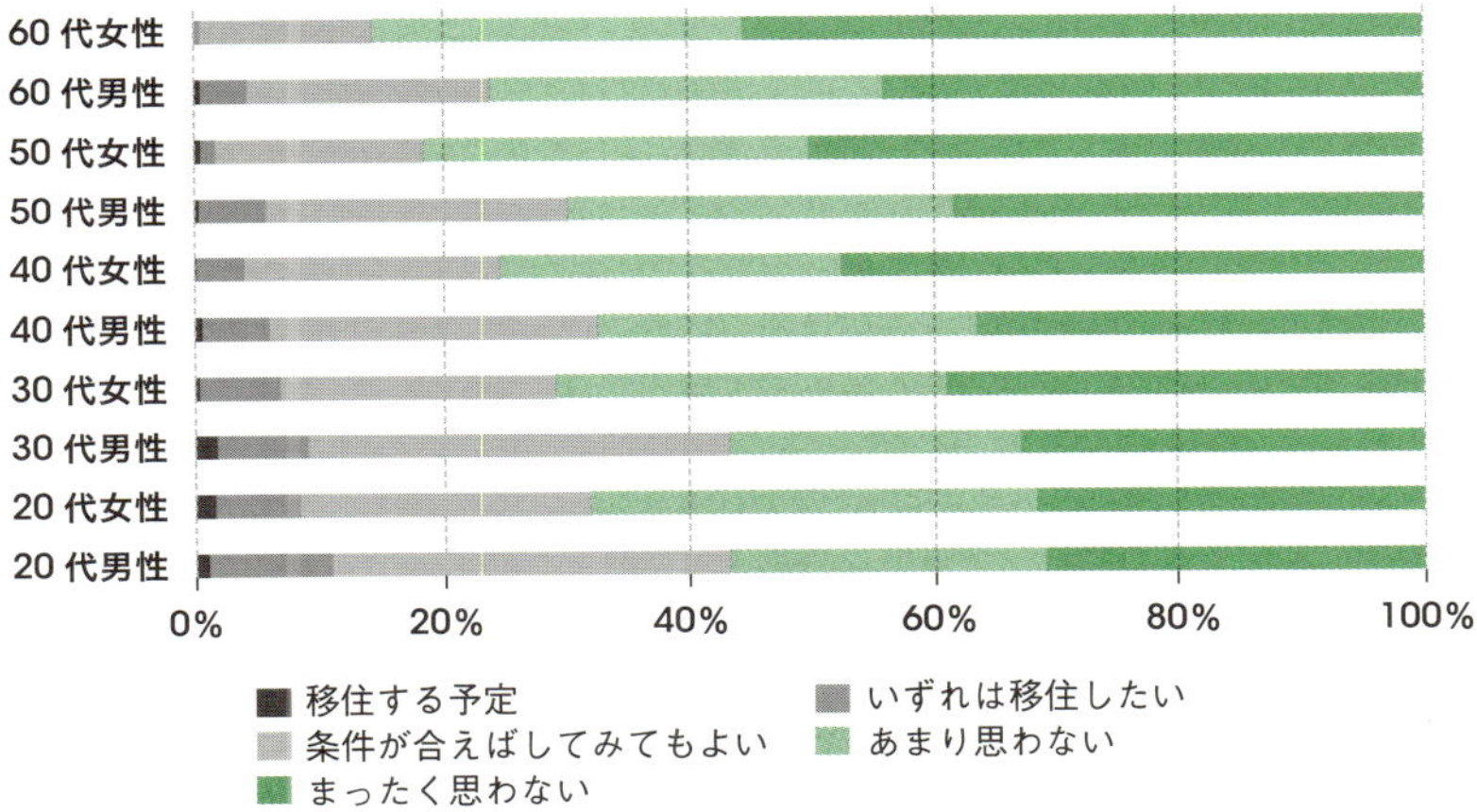

〔出所〕総務省「『田園回帰』に関する調査研究中間報告書」(2017年3月)から筆者作成

の意識調査では、【図表1―6】のように、若年世代や女性に田園回帰志向が強いということがわかった。移住してみたいという人が20歳代で37・9％、30歳代で36・3％になっています。

この調査では、移住したい理由について、「気候や自然環境に恵まれたところで暮らしたい」が46・7％、「環境に優しい暮らしやゆっくりとした暮らし、自給自足の生活を送りたい」が28・3％となっている。また、この研究会の聞き取り調査では、実際に移住した人たちの動機として、「それまでとは異なる働き方、暮らし方」「家族との時間や地域との関わりを大切にした生活」「都市部にない子育て環境」「豊かな自然や人々の温かさ」などとまとめられています。

地域とつながる機会としくみをつくる

移住でも交流でもない、新たな概念

さらに2018年1月、総務省に置かれた、これからの移住・交流施策のあり方に関する検討会が報告書を出し、「関係人口」という概念を打ち出したことが注目されています【図表1—7】。

関係人口とは、既に移住した「移住人口」でもなく、観光に立ち寄った「交流人口」でもないとされています。**地域や地域の人たちと多様に関わる人として、たとえば、地域内にルーツのある人、過去の勤務や居住、滞在経験のある人、行き来する人などが想定されています**。

このような関係人口が持つ地域づくりに対する貢献の可能性を受け止めるためには、自治体も自らの地域の関係人口を認識し、地域と継続的につながる機会を提供していくこと

図表 1 - 7／関係人口のイメージ

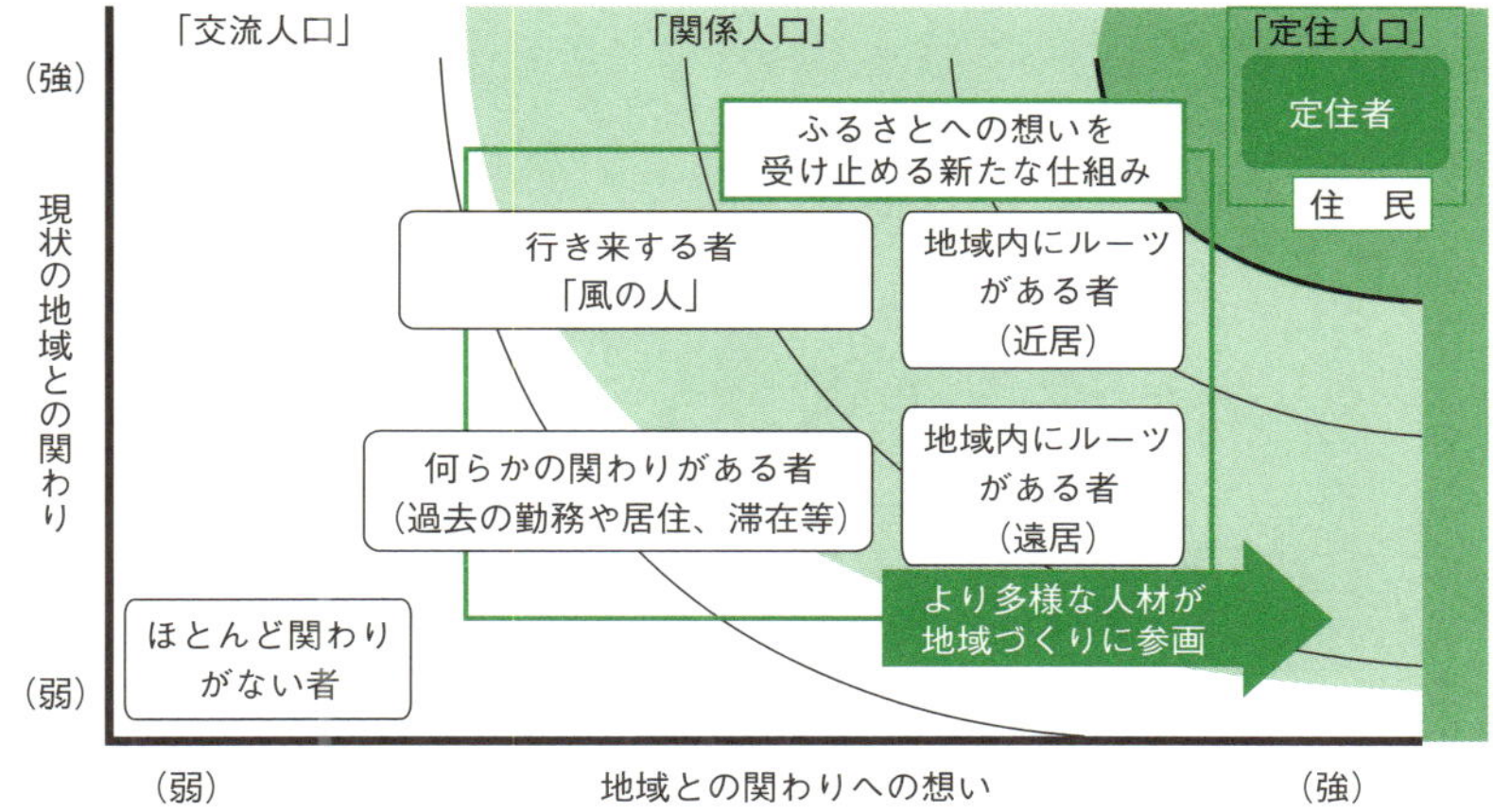

〔出所〕総務省「これからの移住・交流施策のあり方に関する検討会報告書」(2018 年 1 月)

が重要と書かれている。この間、北海道ニセコ町や鳥取県日野町など、いくつかの市町村で取り組まれてきた「ふるさと住民票」や、「ふるさと納税」などの活動が想定されているのではないかと思われます。

また、こうした関係人口と地域をつなぐしくみを整えるためには、**地域の中においてコーディネーター機能やプロデュース機能を発揮できる中間支援組織が不可欠であり、その中心的な人材を育成するための支援も検討する必要がある**と言われています。地域おこし協力隊などの成果と結びつけて考えられているのかもしれない。

「もともと交流人口とは観光だけのことではなかったのではないか」「具体的な施策になるところれまでと代わり映えがしないではないか」という批判意見もありますが、国の研究会が、地域社会の本質は関係にあると指摘し始めたことは新鮮です。

田園回帰の課題

田園回帰に象徴される中山間地の未来に向けた新しい動きは、いくつかの地域を明るくしています。地域社会全体とまでは言えないものの、小さな集落やそこに住む一人ひとりの住民にとって、今日と同じように明日を過ごすための基盤が見えてきたかもしれない。その成果は小さくないでしょう。

ただし、**社会の流れを量的、質的に変えていくためにはもう少し別のアプローチが必要かもしれません**。

たとえば地域おこし協力隊は、一つひとつの局面では大きな成果を上げていますが、財政的に見れば約４千人の生活費を数年間保障することです。その結果として中山間地に移住人口が増えればひとまず成功ですが、必ずしも確約されたわけではないし、強要もできない。

これをさらに拡大しようとしても限度はあります。つまり、**そこそこの規模であるからこそ成果も上がり、評価もされますが、規模を拡大すれば財政の垂れ流しという印象を与**

えかねないのです。「公金を投入して個人の生活を維持することにどれだけの意味があるのか（なぜその人たちの生活だけが支えられるのか）」と問われると、簡単に説明しづらいものがあります。

逆に考えると、大都市に住み続ける人たちも依然としてたくさんいます。都市生活の魅力も高いからです。だから田園回帰現象だけで都市構造が根本的に変化するとは思えない。

このように考えると、大都市圏、地方都市圏、中山間地域を含む農山漁村圏を相互に往来し、それぞれの地域社会や市民生活を支え合うことが大切になります。たとえば、大都市圏と農山漁村圏とでは「効率性」という概念が異なるので、「地方消滅」論のように、片方の「効率性」で、もう一方の「効率性」を統制することはできないし、してはならない。「東京へ行くな」とか「東京に来るな」という政策ではなく、むしろ二地域居住に伴う市民権を法的にも保障する制度を設けるなど、積極的な交流政策に転換するべきです。

地域運営組織

その可能性と自治体の「覚悟」

大きすぎる「小さな拠点」？

集落支援員や地域おこし協力隊が、どちらかと言えば、個別の集落など小さな単位での支援活動であるのに対して、国土交通省系の事業である「小さな拠点」の形成や、総務省系の「地域運営組織」という事業は、そういった個別の活動を括りながら、もう少し広い範囲で地域生活を維持していこうという試みです【図表1－8】。

内閣府の資料によれば、小さな拠点とは、一つの集落生活圏における中心地区を指します。**集落生活圏とは、一つまたは複数の集落や農用地等で構成され、自然的社会的諸条件から見て一体的な日常生活圏を構成している圏域**と定義されています。

そういう小さな拠点には、地域住民の生活に必要な生活サービス機能、たとえば医療（病院）、介護、福祉、買い物（コンビニ）、公共交通（バス停）、物流、燃料供給（ガソリンスタンド）、

図表1-8／小さな拠点と地域運営組織の設置状況

		過疎関係市町村（817）		非過疎市町村（924）	合計（1,741）
小さな拠点	市町村数	188	23.0%	70	258
	形成数	725		183	908
地域運営組織	市町村数	311	38.1%	298	609
	形成数	1,590		1,481	3,071

〔出所〕内閣府「小さな拠点・地域運営組織の形成状況」（2017年10月）から筆者作成

教育（学校）等があると想定されている。ただし、現実の地域社会から見ると、こうした「小さな拠点」像は規模が大きすぎて、もしこれを整備しようとすると、結局は、**インフラ整備が中心になり、将来の債務を増やさないかという危惧もあります。**

地域運営組織と地域自治組織との関係

地域運営組織とは、「地域の生活や暮らしを守るため、地域で暮らす人々が中心となって形成され、地域内のさまざまな関係主体が参加する協議組織が定めた地域経営の指針に基づき、地域課題の解決に向けた取り組みを持続的に実践する組織」とされています。

具体的には、高齢者交流サービス、声かけ・見守りサービス、体験交流事業、公的施設の維持管理などの事業を行う組織です。この組織の収入源は市町村からの補助金、構成員からの会費、公共施設の指定管理料、利用者からの利用料となっています。

国が地域運営組織と言い出したのはそれほど古いことではなく、

図表１-９／飯田市の地域自治組織資料

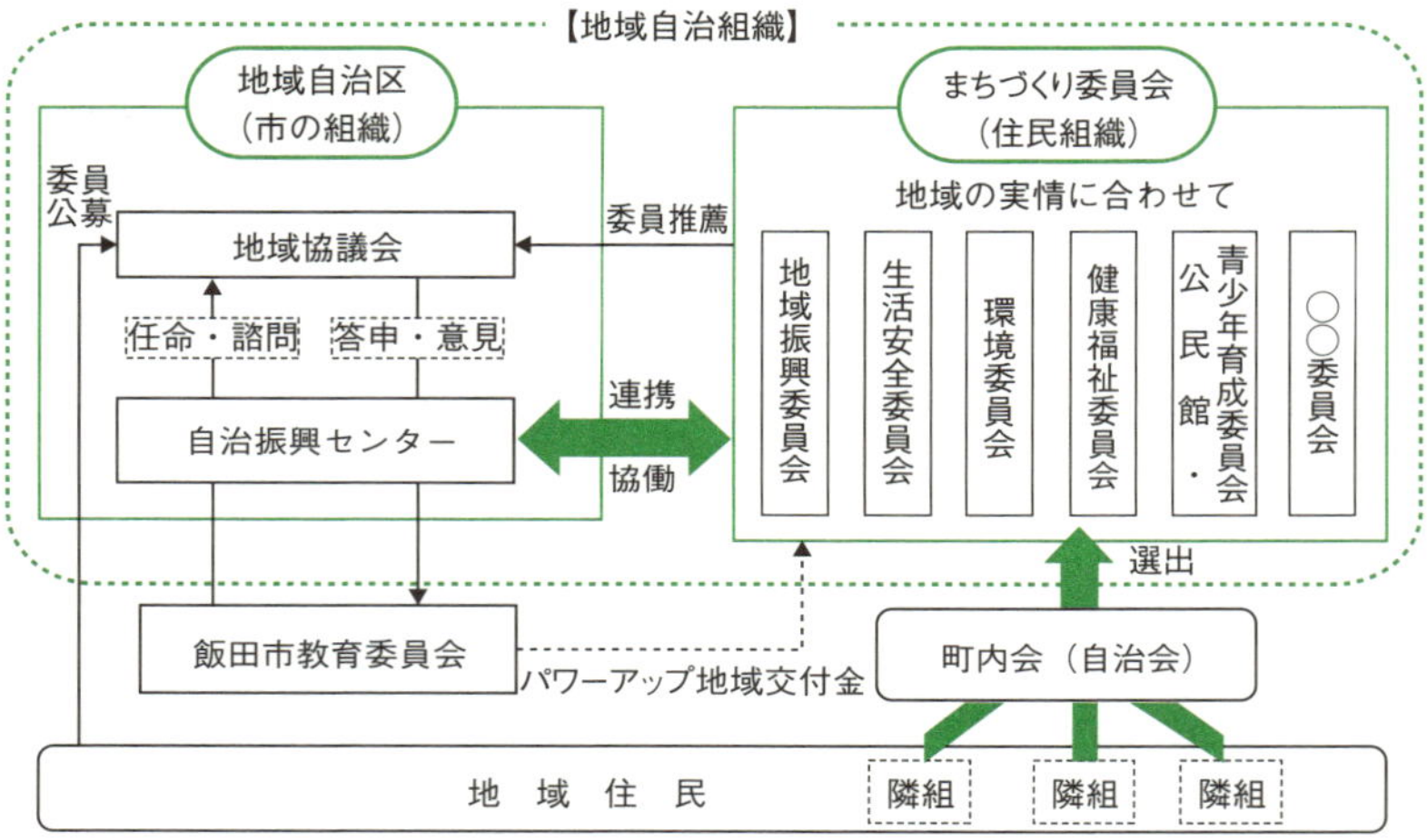

〔出所〕八木信一・荻野亮吾・諸富徹「関係性のなかで自治制度を捉える」『地方自治』2017年6月号（原資料は飯田市ムトスまちづくり推進課資料）

２０１３年度の報告書（総務省「ＲＭＯ（地域運営組織）による総合生活支援サービスに関する調査研究報告書」（２０１４年３月））からです。それまで国は平成の大合併期を前後して、合併の負の側面を代替するために、地域自治区や合併特例区といった「地域自治組織」を法制化してきた。

つまり、**「地域自治組織」で決めたことを「地域運営組織」で実践するという理屈なのですが、現実的に地域社会では人材も重なるので、理屈どおりにはいかず、「地域自治組織」と「地域運営組織」が一体になることが少なくない。**

長野県飯田市が先進事例として知られていますが、その地域自治組織イメージは【図表１―９】のとおりです。ここにあるいくつかのまちづくり委員会が地域運営組織で、点線に囲まれた部分が地域自治組織ということになる。財政支援としては、地域運営組織の運営支援のための経費や高齢者等の暮らしを守る経費が地方財政計画に計上されています。

しかし、先進事例とされる飯田市の地域自治組織に対しても批判はあります。本来、住民組織であったはずの自治組織が、まちづくり委員会として自治体行政の一環に組み込まれたことで、「小さな中央集権」が生まれているというものです。長野県は歴史的に住民主体の公民館運動が盛んなところでしたが、その伝統が断ち切られてしまい、役所で決まったことの連絡報告が中心となる地域自治組織に変質してしまったとも言われている。

既に基礎的自治体が広域化・大規模化してしまった現状を踏まえると、地域で自治意識が芽生えてくるのは自然なことです。たとえば、自治体基本条例運動のように、これからも地域自治組織に向けた市民の動きが起こる可能性は高く、そのことと自治体の政治・行政を架橋するしくみが求められていくことは確かでしょう。

最後の砦としての役所

これまで、集落支援員、地域おこし協力隊、小さな拠点、地域運営組織について整理をしてきました。しかし、ここで書いてきたことは国の制度からの説明です。

飯田市の事例のように、こうした制度ができる前から、それぞれの地域では工夫が重ねられてきました。現実の地域社会での市民による活動は、これらの制度にそのまま当てはまるものではありません。したがって、たとえば補助金や支援を得ようとすると、制度に縛られてしまうことや若干の脚色をしなければならないことも出てくる。そのことが実際に地域で活動している人に失望感を与え、自分たちが取り組みたいことと、補助金などのメニューとの間にギャップが生じて、市民を消耗させてしまうこともあります。

さらに、もう少し厳しい地域になってくると、そもそもこのような取り組みができる市民そのものが少ない。地域の活動に補助金が出るからといって行政から地域にアプローチすると、ますます地域の人たちが疲弊していくことも考えられます。

そのような地域では、**自治体（役所）が地域社会の最後の砦となる**という覚悟をする必要がありますし、それを保障する財政上の措置が求められます。

PART 2

地域政策の未来

成長幻想から生活の質へ

高齢者も減少し始める時代がやってくる！

数だけではなく、構造の変化にも注目

未来の自治体を考えるためには、人口減少だけではなく、人口構造の変化という側面から、地域社会と市民生活の変化を見ていくことも欠かせません。

75歳以上の人口推計を都道府県別に見ると、たとえば、埼玉県では２０１５年と比べて２０３０年は約６割も増えます。他の世代の人口も多いので、高齢化率は全国の中では低いほうですが、**75歳以上の高齢者の絶対数がこれだけ増えるということは、それだけの施設やサービスをますます増やさなくてはならないということ**になる。

一方、現実には既に高齢者数が減少し始めている市町村もあります。人口減少が著しい地域では既に高齢者も減少している。全国的に見ると、もうしばらくは高齢者が増え続けますが、おおよそ２０２５年から２０３０年あたりでピークアウトします。

図表2-1／世帯構造の推移

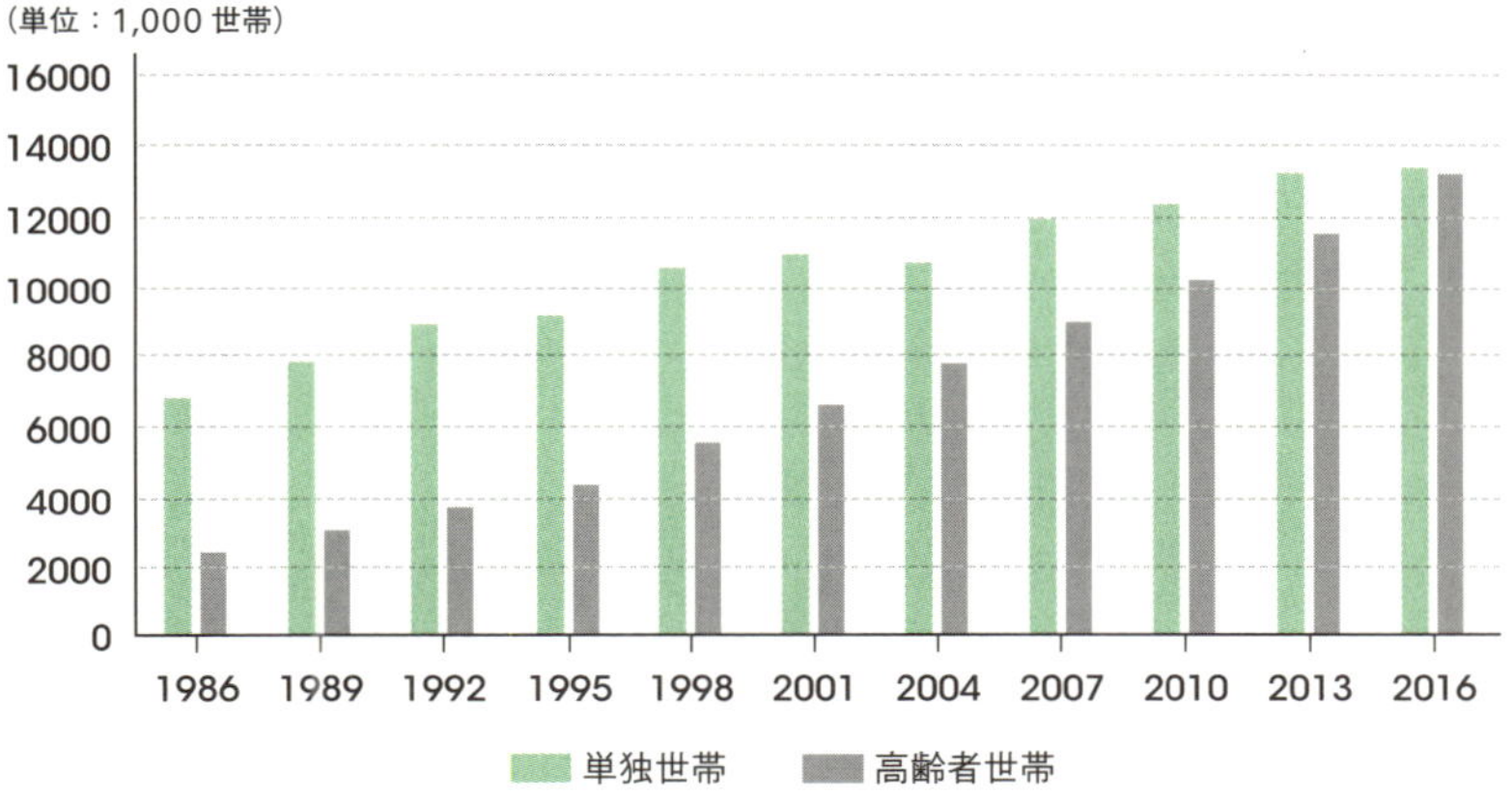

〔出所〕厚生労働省「平成28年国民生活基礎調査」から筆者作成

つまり、**高齢者の絶対数が増加することに伴う政策、たとえば介護サービスの量そのものは、あと10年を見据えればよい**ということです。未来永劫、増え続けるということではない。ただし、質の面は単身世帯の増加などに応じて柔軟に変化させていかなくてはなりません。

【図表2―1】は、「単独世帯」と「高齢者世帯」の推移を見たものです。単独世帯とは一人世帯のことで、高齢者世帯とは高齢者のみで構成される世帯のことです。いずれも著しく増加しています。

単身世帯が増えることで何が変わるか？

介護が必要な高齢者に対しては「在宅サービス」と「施設サービス」があります。また、重度の要介護状態となっても住み慣れた地域で自分らしい暮らしを人生の最後まで続けることができるように、医療・介護・予防・住まい・生活支援を一体的に提供するための「地域包括ケアシステム」も提起されています。

しかし、現実はそれほど単純ではない。なぜなら、【図表2―1】で見たように、**単身世帯が増えてくると、「在宅」とは言っても、高齢者施設に居住しながら在宅サービスを受ける人たちが増加する**からです。実質的には施設サービスを受けているのとあまり変わりない。たとえば「住宅型有料老人ホーム」や「サービス付き高齢者住宅」は在宅サービスを受ける施設ですが、こうした施設の需要は都市部でも地方部でもますます伸びていくことになるので、在宅とは言いながら、やはりこうした施設の整備も課題です。

高齢者の定義も変わる

高齢者という概念も一律ではなくなる。かつては60歳前後で社会からリタイアする人が多かったのに、現在ではその後も仕事をするなどの社会参加をしている人が少なくありません。

【図表2―2】は、労働力人口比率の推移について、2000年を100として表したものです。とりわけ60歳代の労働力人口比率が伸びています。70歳以上の労働力人口比率

図表 2 - 2 ／労働力人口比率の推移

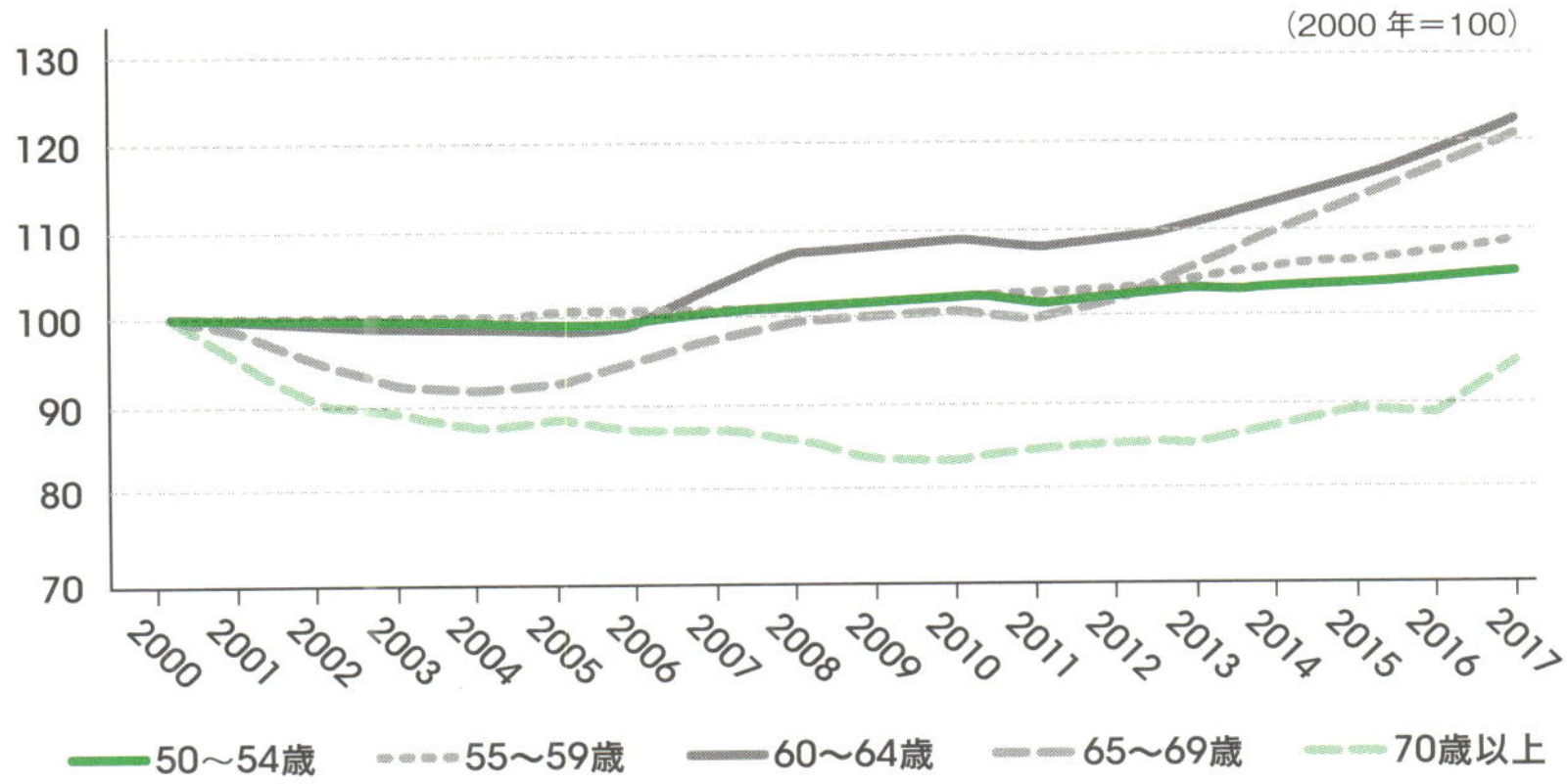

〔出所〕総務省統計局「労働力調査」から筆者作成

が低下していますが、分母である人口そのものが増えているので、見かけ上、低くなっているだけで、**労働力人口の絶対数はほぼ一貫して増えている**のです。

一般的には15歳以上65歳未満を生産年齢人口として分析しますが、多くの人が高校や大学などに進学している実態から、15歳以上というのも既に無理があります。

加えて、これから多くの人が65歳を超えても社会的な活動をすることを考えると、高齢者の定義も変わらざるを得ない。たとえば、労働力としてはカウントされなくても、地域内の公園清掃をするとか、近所の子どもたちに書道を教えるなど、**日常的に社会参加をしている高齢者が増えれば、地域は維持されていく。**このように考えると、単純に高齢化率を見るだけでは不十分だということがわかります。過度に悲観する必要はありません。

少子化

これから描くべき、包括的な子育ての未来

地域によって異なる学校事情

もう一つ人口構成からわかるのは、子どもの変化です。高齢者とともに、子どもの数は自治体の政策対象として重要な要素になる。

【図表2―3】のとおり、出生率は2000年前後を除くと一定の割合を保っています。むしろ2000年代半ばが低かった。今後も、予想されるほど大きな変化はないかもしれません。

子どもの変化が地域政策に与える最大の影響は、小中高の学校教育の運営です。少子化と言われているので子どもの数が減少していることは想定できますが、【図表2―4】を見ればわかるとおり、2000年代以降、就学児童学生数は極端な右肩下がりから微減に変化しています。

図表２-３／合計特殊出生率の推移

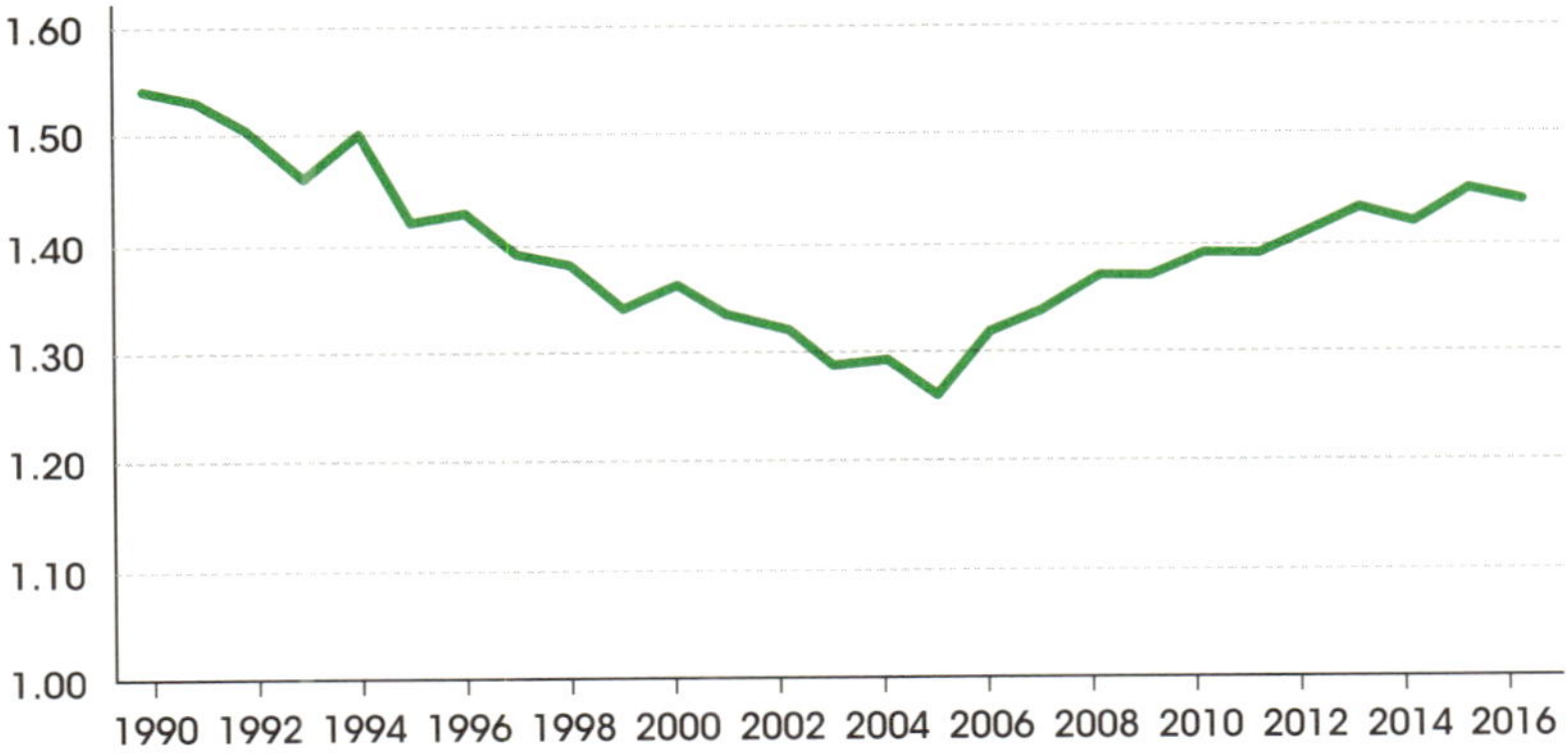

〔出所〕厚生労働省「人口動態統計」から筆者作成

図表２-４／就学児童・学生数の推移

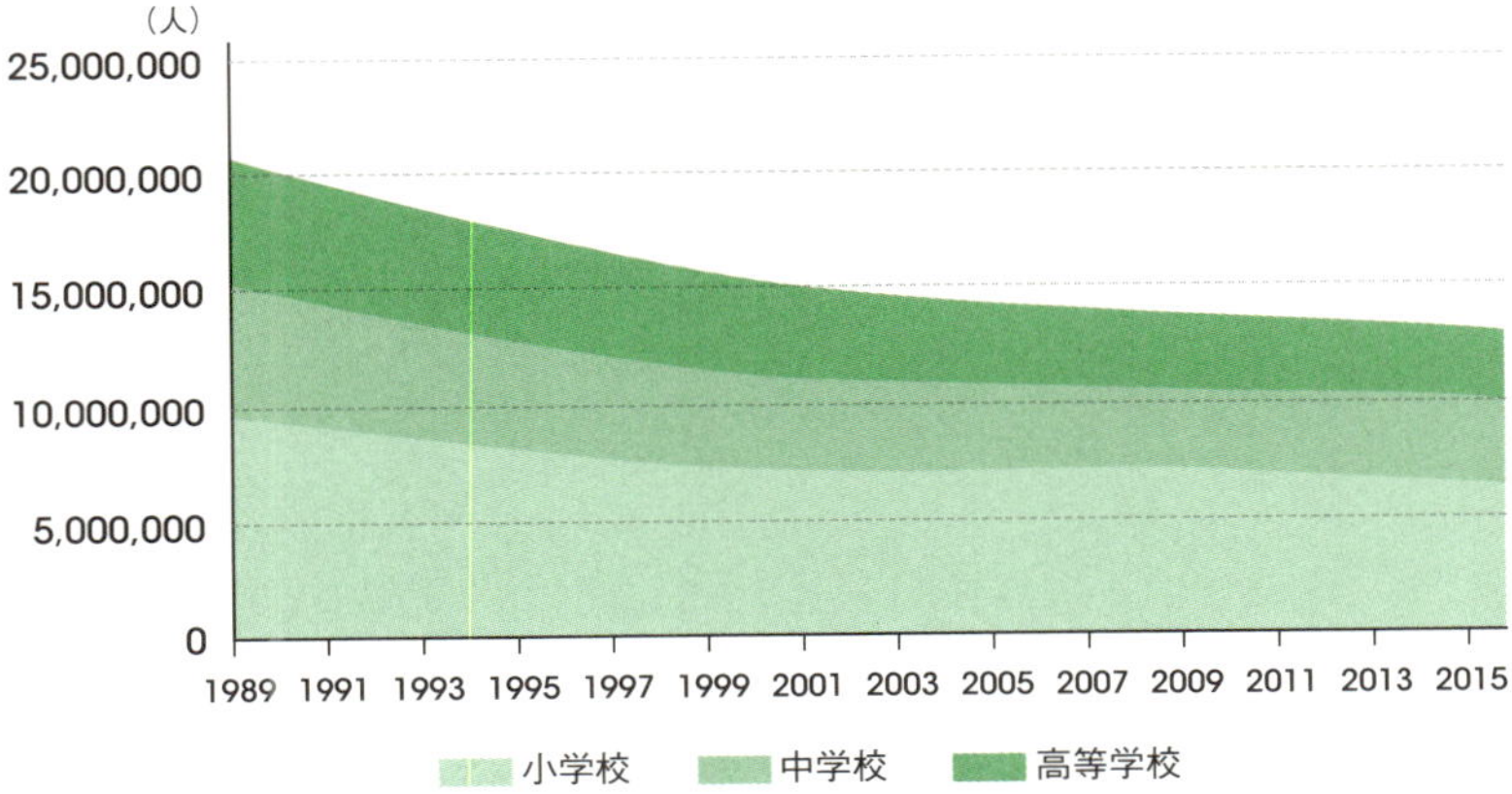

〔出所〕文部科学統計要覧（平成29年版）から筆者作成

待機児童問題は、人口問題ではない

これに対して、近年、特に高まっている保育所の待機児童問題は、少し別の角度から考えなくてはならない。単純に考えれば、**少子化になれば、ますます保育園に入りやすくなるはずなのですが、そうはなっていないところがポイント**です【図表2―5】。

つまり、保育所問題は人口問題ではないのです。社会経済状況や社会意識の反映です。そもそも、なぜ保育園に子どもを預けるのか。消極的には未就学児を誰も見ることができない環境にあるからです。高度成長期に大都市圏で保育需要が高まったのは、地方から就職のために大都市圏へ移住した人たちが子育て世代になったからです。つまり、福祉政策というよりは産業政策や労働政策として重要だった。一方で、母子家庭や父子家庭という福祉問題もありますが、こちらも近所に親がいないことから保育需要に結びつきます。

しかし、現在はたとえ自分が育った地域に住んでいても、親と同居しないということが普通になりました。人口と比較して世帯数が増大を続けているのはそのためです。こういう現象は保育や育児を含めて、親世帯との関係に距離を置くのが社会意識として通念になってきたことに由来しますから、「保育に欠ける」という意味が変わったということです。

図表2-5／保育施設定員と待機児童数の推移

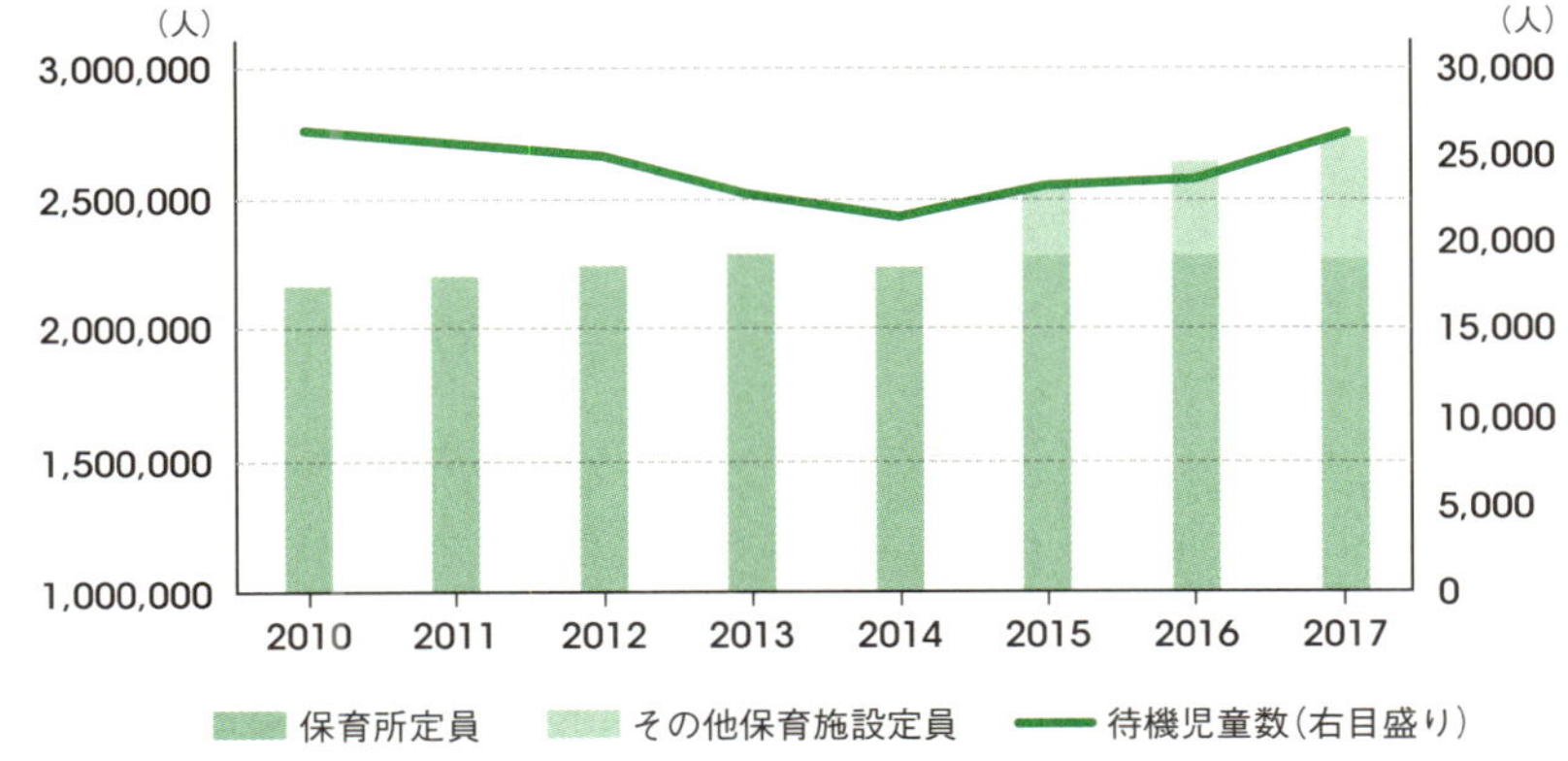

〔出所〕厚生労働省「保育所等関連状況取りまとめ（平成29年4月1日）」から筆者作成

その背景には、住宅問題もある。そもそも大都市圏で二世帯が快適に同居できるような住宅を普通の収入で得ることはできません。さらに言うと、共働きをしなくては、将来の子どもの教育経費を賄えないという経済問題もある。もちろん、男女間の固定的封建的な役割分担論がなくなってきたことも影響しているでしょう。

これらのことを併せて考えると、待機児童問題の根はたいへん複雑です。

しかし、そうは言っても自治体は対応しなくてはならない。ところが、たとえ待機児童ゼロを実現したとしても、その途端に新たな保育需要が生まれるのが現実です。保育の質も問われています。

貧困

「現代の貧困」を考える

生活保護の現況

おそらく日本中の自治体で頭を抱えているのが、生活保護の被保護実人員と被保護世帯数の増加です。

【図表2―6】は、そのうち実人員の推移を見たものです。1990年代後半から急上昇し、近年では高止まりをしています。自治体は単に生活支援をするだけではなく、就労支援を中心に地域で包括的に支えていこうという姿勢で取り組んでいますが、まだ数字に表れるほどの効果は出ていない。

生活保護は、国民国家として国が定めた標準ですから、それに要する経費や人員は国が保障するのは当然ですが、それにしても役所の業務や職員の多くを割いています。特に、ケースワーカーは、今のところ専門家への外部化ができず、社会福祉主事という任用資格

図表2-6／生活保護被保護実人員（1か月平均）の推移

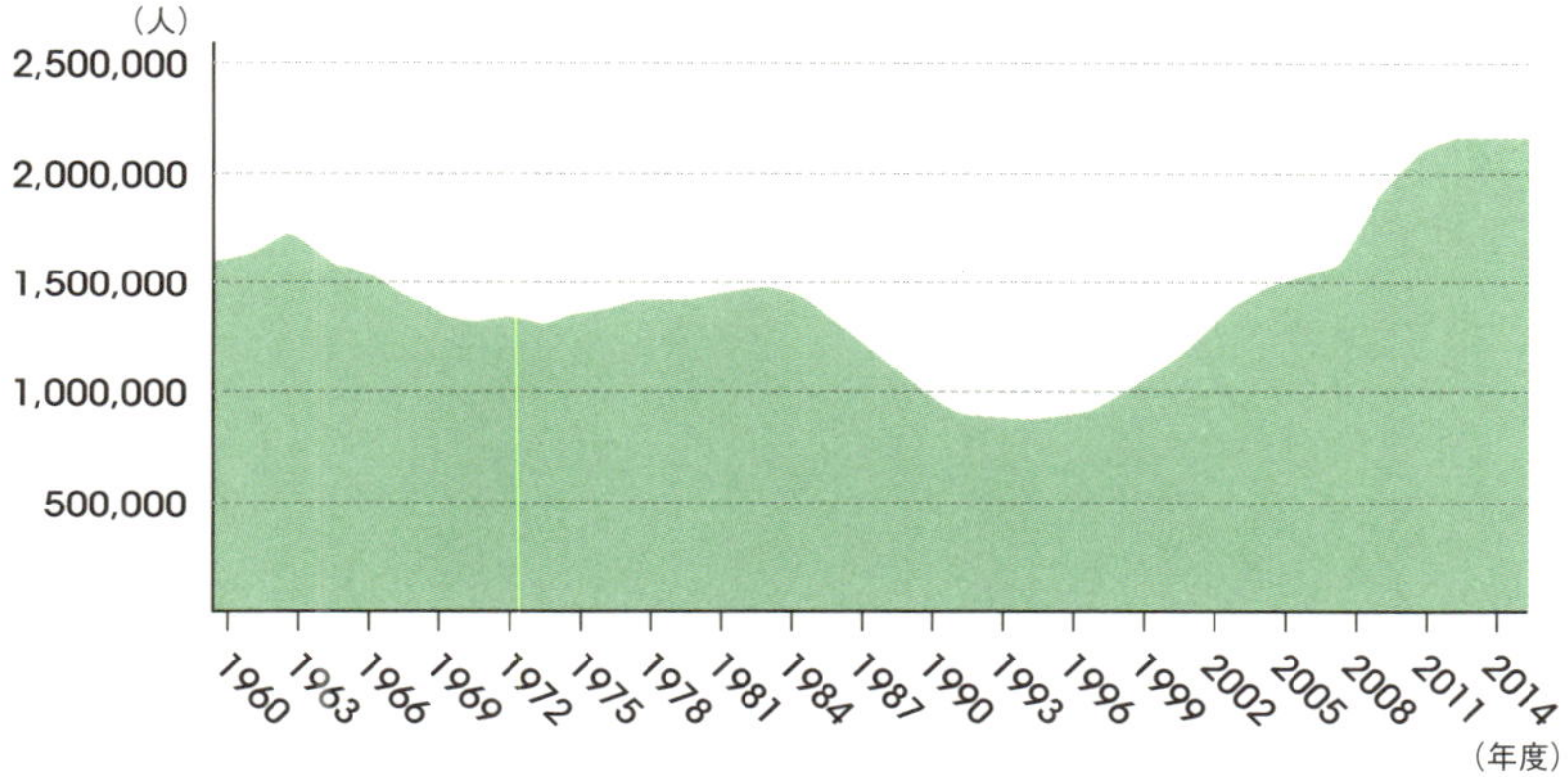

〔注〕2016年度は未確定数
〔出所〕厚生労働省「被保護者調査」から筆者作成

を持つ職員が担当している。この任用資格は、大学等で一定の科目の単位を取得していることなどが要件とされていますが、ほとんどは福祉を専攻したわけではなく、職務についてから経験と学習を積み重ねて何とか仕事をしているというのが実態です。

どうして生活保護が増えているのか。生活保護被保護者を世帯別に見たのが【図表2−7】です。

高齢者世帯が3分の1を占めています。

ではその高齢者世帯がどのような事由により生活保護を受けているのかを見たのが【図表2−8】です。圧倒的に多いのが、貯金等の減少・喪失で、約4割を占める。老齢による収入減少を含めると5割以上です。もし仮に生活できる年金を受給できていれば、この数字はかなりの部分、削減できるかもしれません。

図表2-7／生活保護被保護者世帯別

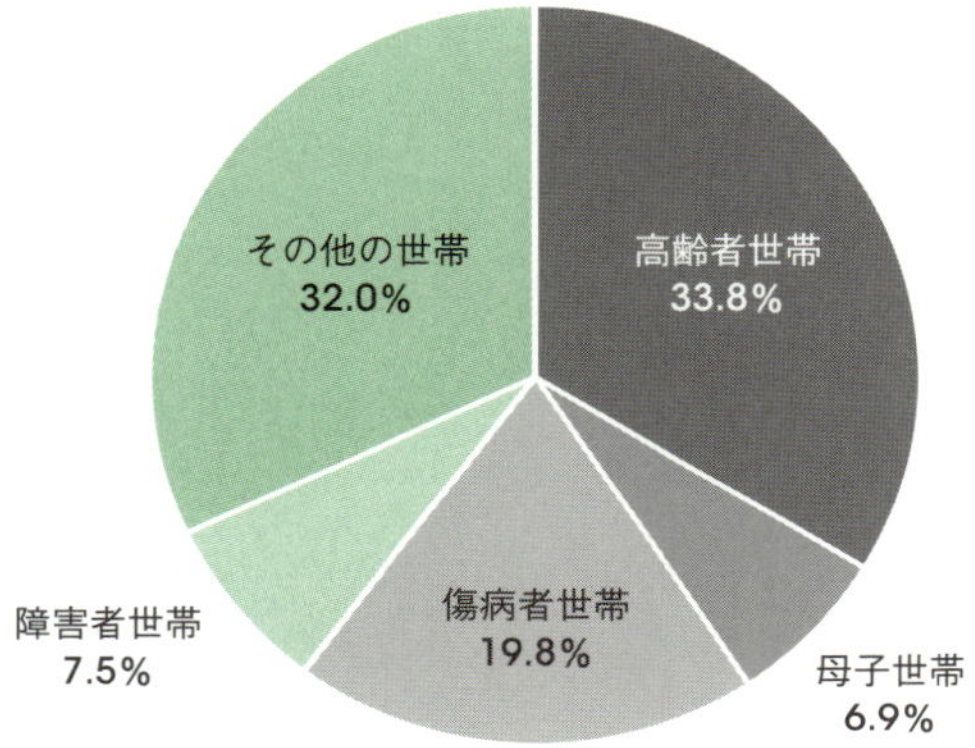

〔出所〕厚生労働省「被保護者調査」（2015年度）から筆者作成

図表2-8／被保護高齢者世帯の事由

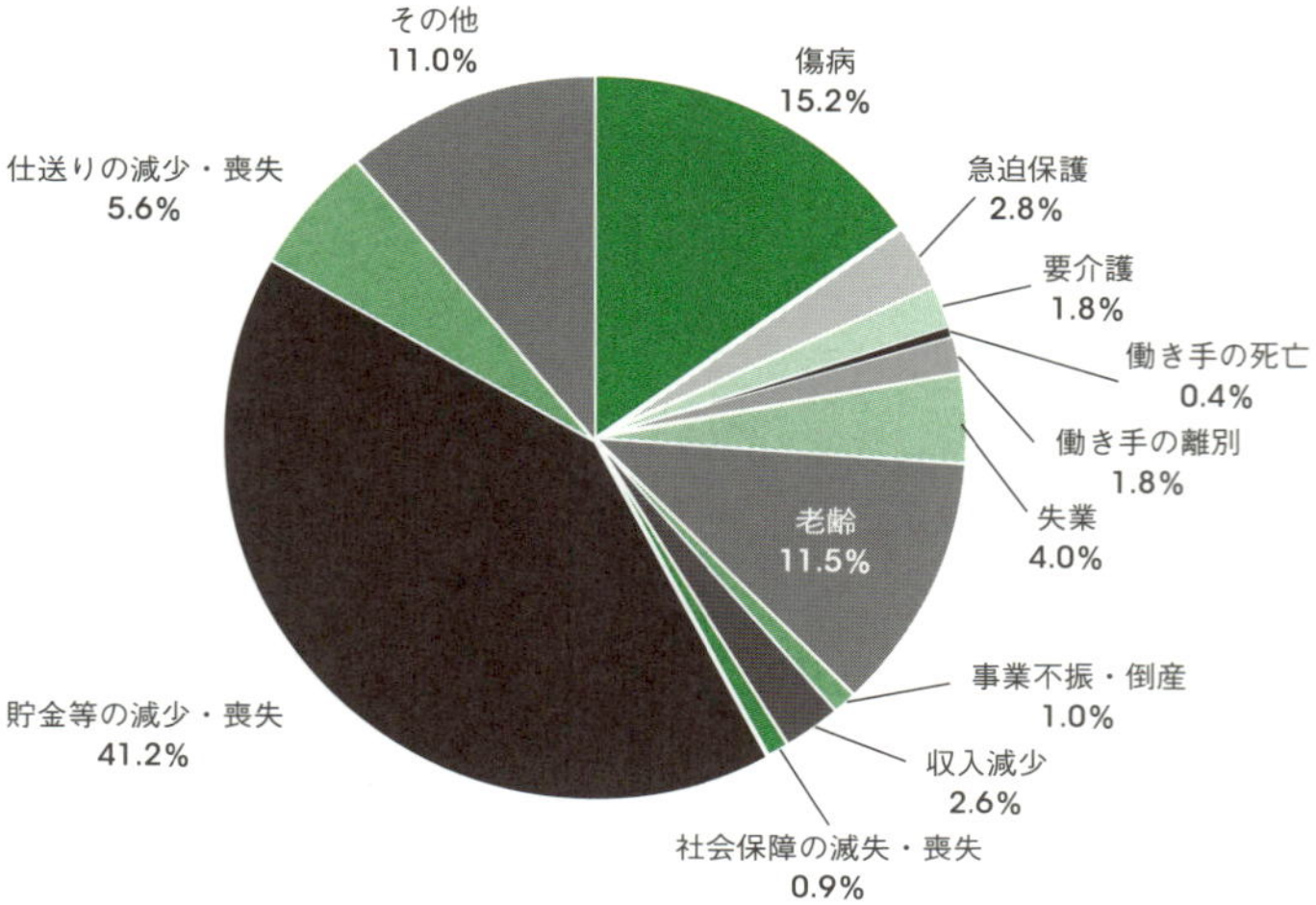

〔出所〕厚生労働省「被保護者調査」（2015年度）から筆者作成

しばしば話題になる不正受給の問題も絡み、財政上も大きな割合を占める生活保護については、行政内での締めつけがたびたび見受けられます。子や親族など、世帯単位でまずはケアするべきという社会通念も根強くある。

確かに不正受給は論外ですが、現在の家族や住宅のあり方などを考えると、基本的には公的な年金制度を充実させ、リタイアした高齢者がこれまでの社会貢献にふさわしい尊厳のある老後を暮らせるようにするべきでしょう。

子どもの貧困

もう一つ、未来の地域を考える政策課題として子どもの貧困問題があります。貧困の中でも、特に子どもの貧困が問題とされるのは、**「貧困が世代間連鎖していくこと」「子どもたちの潜在的能力が発揮できないこと」**という理由からです。

そもそも貧困には絶対的貧困と相対的貧困があると言われている。心身の維持が困難になるくらいの絶対的貧困と、その国で生活していくにあたっての相対的貧困です。ここで問題になっているのは、相対的貧困です。

社会問題化した子どもの貧困に対して、2013年6月、議員立法で子どもの貧困対策

図表2-9／子どもの貧困対策法の概要

○政府：子どもの貧困対策に関する大綱（閣議決定）
　都道府県：子どもの貧困対策計画
○施策　教育の支援、生活の支援、保護者に対する就労の支援、経済支援、調査研究
○子どもの貧困対策会議：関係大臣で構成し、大綱案の作成などを行う
○政府は、法制上又は財政上の措置その他の措置を講じる
○政府は、毎年一回、子どもの貧困の状況及び子どもの貧困対策の実施の状況を公表する

法（子どもの貧困対策の推進に関する法律）が成立しました【図表2―9】。

これに基づいて、政府が大綱を策定し、都道府県が計画をつくるという形式は他の施策と同じですが、注目できる点が一つあります。

それは、衆議院厚生労働委員会の附帯決議で、国が大綱を策定する際には「子どもの貧困対策に関し優れた見識を有する者や貧困の状況にある世帯に属する者、これらの者を支援する団体等、関係者の意見を会議で把握した上で、これを作成すること」と決められたことです。これに基づいて「子どもの貧困対策に関する検討会」が設置され、実効性のある計画がつくられた。

自治体の政策づくりにおいても、このように**当事者の政策形成過程への参加という視点が重要**です。

防災

被害を最小限に食い止める「減災」に取り組む

ハザードからディザスターへの転換

災害には、自然災害と人為的な災害があります。地震、津波、噴火などは自然災害で、戦争、事故、テロなどは人為的な災害です。

ただし、地震や津波のような自然現象はそのままでは災害にはならない。社会的に脆弱な部分が被害を受けて災害になるのです。つまり、**ハザード（自然現象）からディザスター（災害）への転換には社会的脆弱性が媒介**している（田中重好「東日本大震災を踏まえた防災パラダイム転換」『社会学評論』64巻3号）。

国や自治体など政府としての最も基盤的な役割は、住民の安全と生命を守ることです。昔から「治山治水」という言葉があるように、災害をどのように防ぎ、被災者の生活をどのように再建するかということは為政者にとって最大の使命です。政府の役割を一つだけ

図表2-10／予想される大規模地震

	死者数	全壊建物数	経済的被害
東海地震	約9,200	約460,000	約37兆円
南海トラフ地震	約323,000	約2,386,000	約215兆円
首都直下地震	約23,000	約610,000	約95兆円
日本海溝・千島海溝周辺海溝型地震	約290	約21,000	約1.3兆円
中部圏・近畿圏直下地震	約42,000	約970,000	約74兆円

〔出所〕総務省消防庁『平成29年版消防白書』から筆者作成

挙げろと言われたら、このこと以外に思い当たらない。

大地震の予知はできない

消防白書に挙げられている今後予想される大地震は【図表2―10】のとおりで、五つほどあります。

被害規模では南海トラフが群を抜いていますが、首都直下や中部圏・近畿圏直下は被災する地域内の居住人口が多く、日本全体に対する社会経済的な打撃は想像を絶します（河田惠昭『津波災害　増補版――減災社会を築く』岩波書店、2018年）。

こうした自然災害そのものは避けることはできない。そうであれば、**社会的な脆弱性がどこに存在するかを見極め、可能な限り災害を小規模にして、立ち直りを少しでも早くするという「減災」の考え方が大切**になります。

かつて東海地震については、事前の予知の可能性があると言われていました。しかし、南海トラフ関連の防災対応検討ワー

図表2-11 ／東海地震と東南海・南海地震の推移

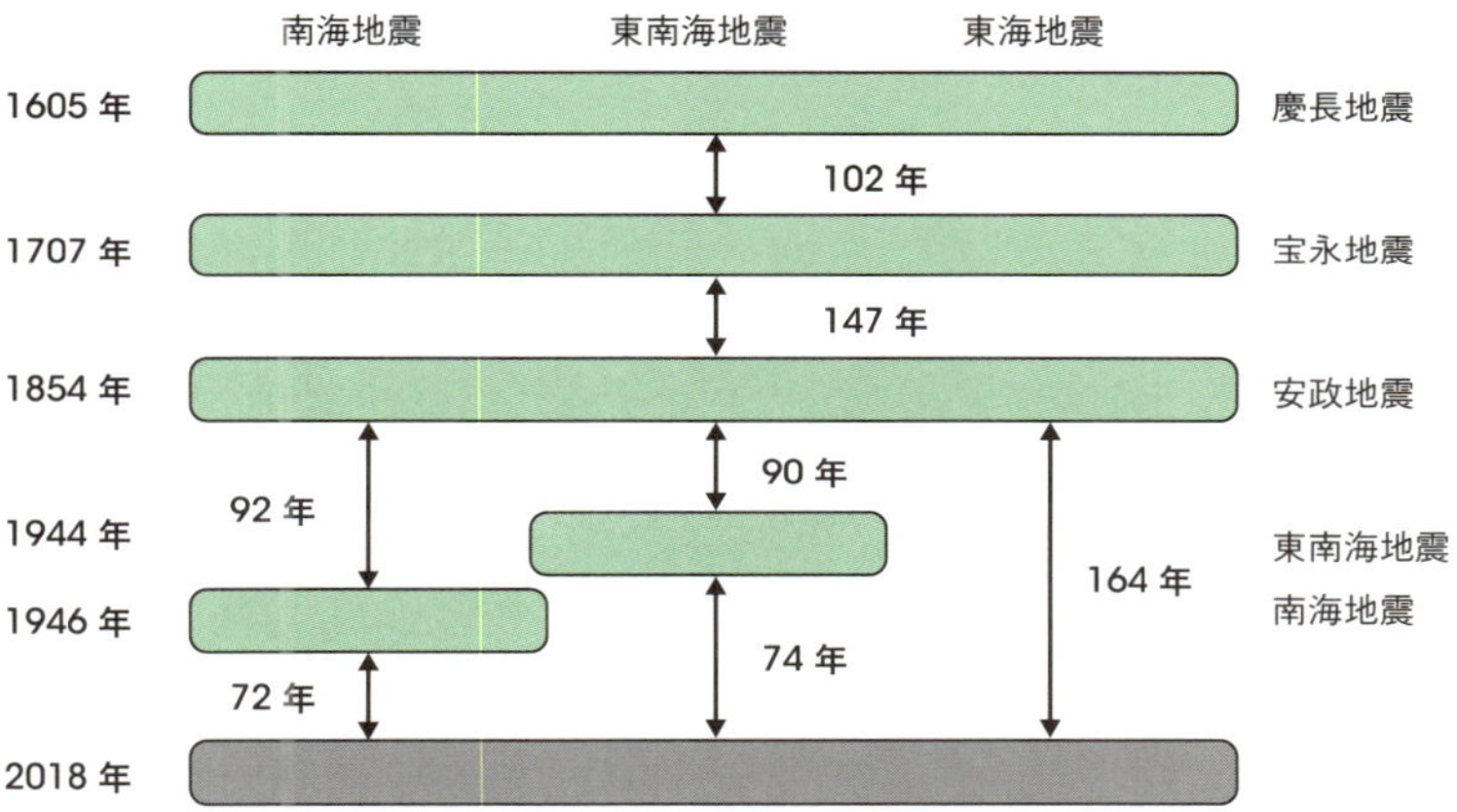

〔出所〕総務省消防庁『平成29年版消防白書』から筆者作成

キンググループの報告で、「現時点においては、地震の発生時期や場所・規模を確度高く予測する科学的に確立した手法はなく、大震法（引用者注：大規模地震対策特別措置法）に基づく現行の地震防災応急対策は改める必要がある」とされた（2017年9月）。つまり予知はできないということです。

南海トラフ沿いの地域では、100年から150年間隔で大規模地震が繰り返し起きています【図表2―11】。最近では1944年に東南海地震、1946年に南海地震が発生している。既に東海地震については発生から160年以上が経過しています。また、東南海地震や南海地震については前回の地震から既に70年以上が経過しているので、今世紀前半にも発生することが懸念されています。

もちろん、この他に直下型と呼ばれる地震は、どの地域にいつ起こっても不思議ではありません。

どのように防災対策を進めるか

東日本大震災では、自治体間の相互応援協定の重要性が認識されました。既に全国知事会は、阪神・淡路大震災を契機に、1996年に「全国都道府県における災害時等の広域応援に関する協定」を締結していましたが、東日本大震災では、全国知事会が被災4県からの要望に応じて、食料品、生活用品、燃料等の救援物資を提供している。この他、各市町村では相互応援協定や民間団体等との間で、物資、災害復旧、救急救護、輸送などについての応援協定を締結しています。

しかし、**相互応援協定は締結すればそれで十分というわけではなく、日常的な交流が必要**です。災害時に限らず、青少年や高齢者の相互訪問や自治体間での定期的な共同イベント開催など、**お互いの地域事情が事前にわかっているほど、効果的な支援を行うことができる。**

東日本大震災の津波では、学校管理下にあった児童・生徒は、大川小学校（宮城県石巻市）

図表2-12／地域ごとの津波避難計画

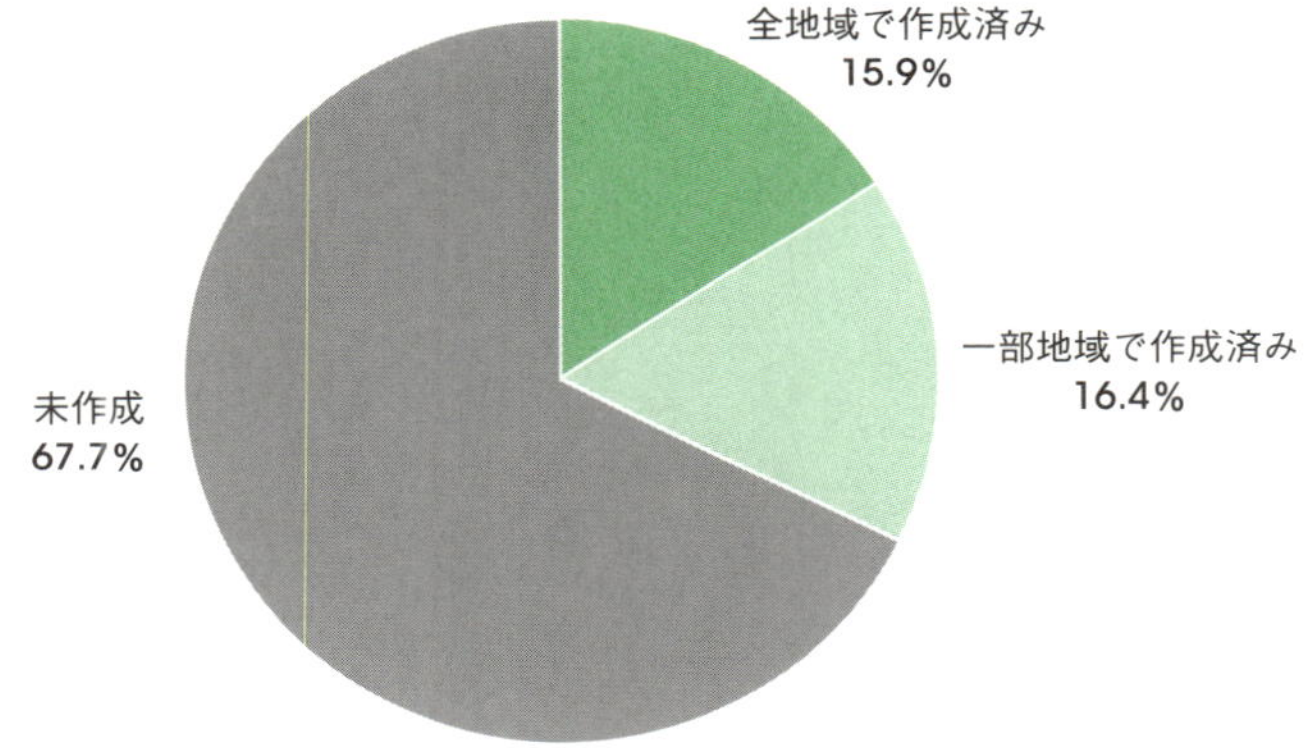

〔出所〕消防庁「市町村における津波避難計画の策定状況等の調査結果」（2018年3月14日）

という ただ一つの例外を除いて、犠牲者がゼロでした。校舎が津波に飲み込まれた学校も少なくなかったのに、なぜ人命を救うことができたのか。日頃からの避難訓練と教員による誘導、さらには地域の協力というソフトの部分が、生命を守るためにいかに重要かということを示しています。

津波避難計画を策定している市町村は、津波被害が想定される市町村の93・8％（2017年12月1日現在）であり、ほぼすべての市町村に当たります。しかし、地域ごとの津波避難計画を策定しているところは【図表2―12】のとおり、まだ3分の1にとどまっている。

東日本大震災でも、楢葉町（福島県）のように、**住民参加で地域ごとの避難計画を策定したところは、地域の実態に即した計画になっているばかりか、住民が実際の行動に移りやすく、犠牲者をほとんど出**

しませんでした。一方、計画策定を専門業者に委ねただけのところでは、そもそもハザードマップがあること自体、住民に知られていなかったというところもあり、深刻な被害をもたらしている。

もちろん、防波堤や防潮堤といったハードの施設がまったく必要がないということではありませんが、減災の基本はこのような日常的な準備だということをこの事実は明らかにしています。自治体が取り組む今後の減災対策への大きなヒントになるでしょう。

原発事故の教訓

実効性のある業務継続計画を策定する

東京電力福島第一原子力発電所苛酷事故

東日本大震災と同時に原発災害（東京電力福島第一原子力発電所苛酷事故）が起きました。このことによって自治体の政治・行政にどのような影響があったのかを考えてみます。

原子力発電所や関連施設は全国各地にあり、一部は既に再稼働されている【図表2―13】。再稼働されていない発電所でも、その構内には大量の使用済み核燃料などが保管され、万一のことがあれば、大きな災害が起きる可能性があります。

今回の原発災害でも、いったんは、首都圏に住む人たちすべてが避難しなければならない事態が予想されたほど、ひとたび事が起きると、短期間には回復不可能な事態が起こり得るのが原発災害です。

『平成29年版消防白書』には、原子力施設における最近の事故が一覧表になっています。

図表２-13／原子力関連施設

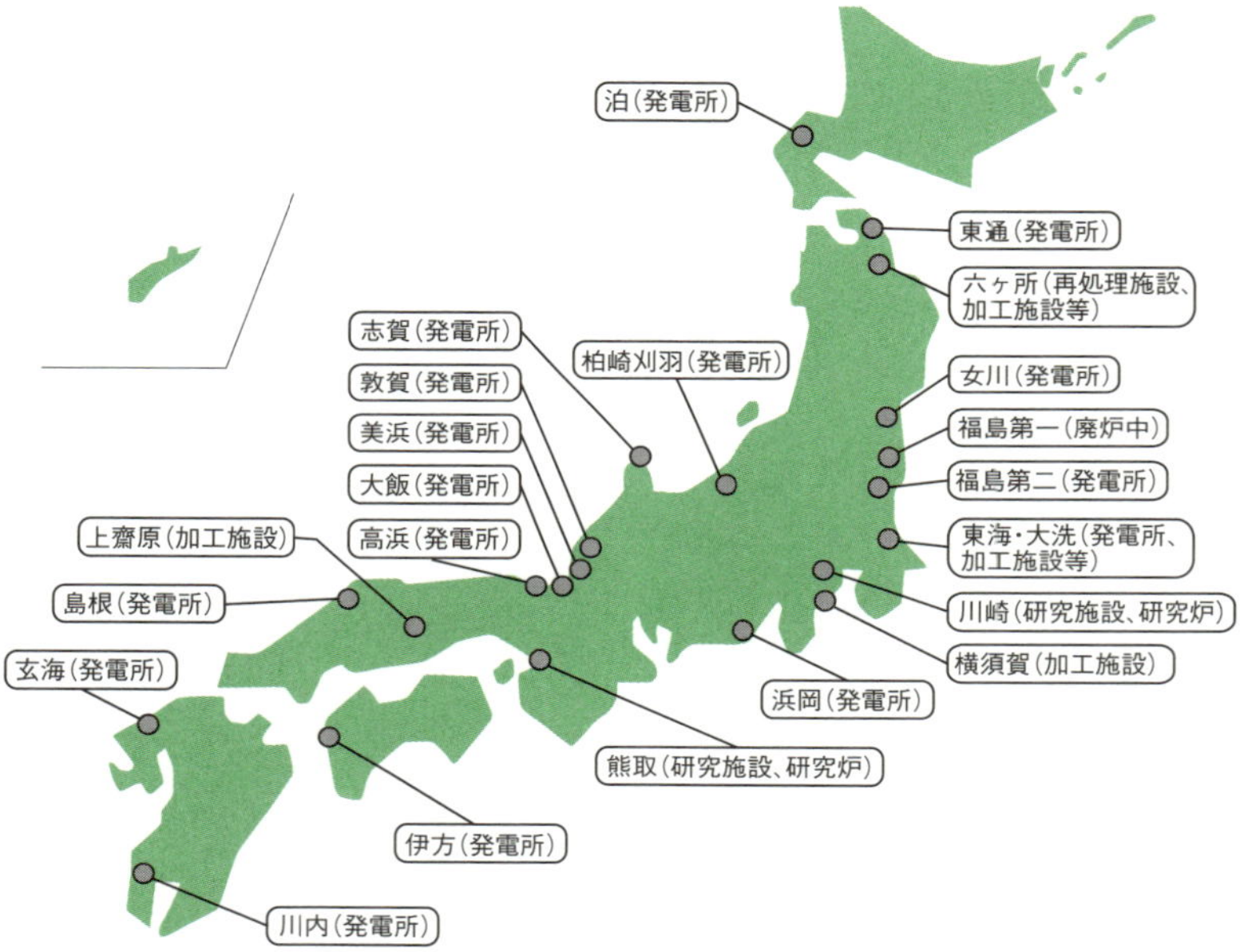

〔出所〕総務省消防庁『平成29年版消防白書』

１９９５年12月８日の高速増殖炉「もんじゅ」におけるナトリウム漏洩火災から始まり、２０１７年６月６日の大洗研究開発センター（現大洗研究所）における貯蔵容器内のビニルバックの破裂による作業員５人の被ばくまで、この20年余りに12件の重大事故が起きている。中には従業員２人が重篤な放射線被ばくによって死亡し、その他、救急隊員など多数の人たちが被ばくしたＪＣＯ事故（東海事業所ウラン加工施設における臨界事故）もあります。

自治体でできることは限られているかもしれませんが、かと言っ

て準備を怠れば、住民の安全を第一の使命とする自治体の役割を果たせない。原発災害が起きたとき、福島の自治体に何が起きたかを調べ、それを教訓として事故に備えておくべきです（今井照・自治体政策研究会編『福島インサイドストーリー――役場職員が見た原発避難と震災復興』公人の友社、2016年）。

【図表2―14】は今回の原発災害における2011年4月時点での避難指示区域です。ここで色塗られている地域の面積は、おおよそ東京都全体の面積に匹敵する。ピーク時の避難者数はおよそ16万3千人。自治体全体が避難指示区域になり、役所も域外に避難したのは、双葉郡8町村と飯舘村の合計9自治体にのぼります。

役所として想定しておかなくてはならないのは、**まずこのような事態に陥ったときに、住民をどのようにどこへ避難させるか**でしょう。関係する自治体では既に避難計画が策定されていることと思いますが、甚大な被害を起こすときには複合災害になるので、事前に想定していた避難路が道路陥没などで使えなかったり、避難に使うはずの船が接岸できなかったりすることがあり得る。こういう場合に備えて、いくつかの複線型の避難計画を策定しておくことが必要です。

避難先の事前確保も必要です。原発災害の避難は、大量・超長期・遠隔地という特徴がある。既に事前に確保している避難先があるとは思いますが、避難先との日常的な交流が

図表 2 - 14 ／東京電力福島第一原子力発電所周辺地図

（2011 年 4 月 22 日時点の避難指示区域）

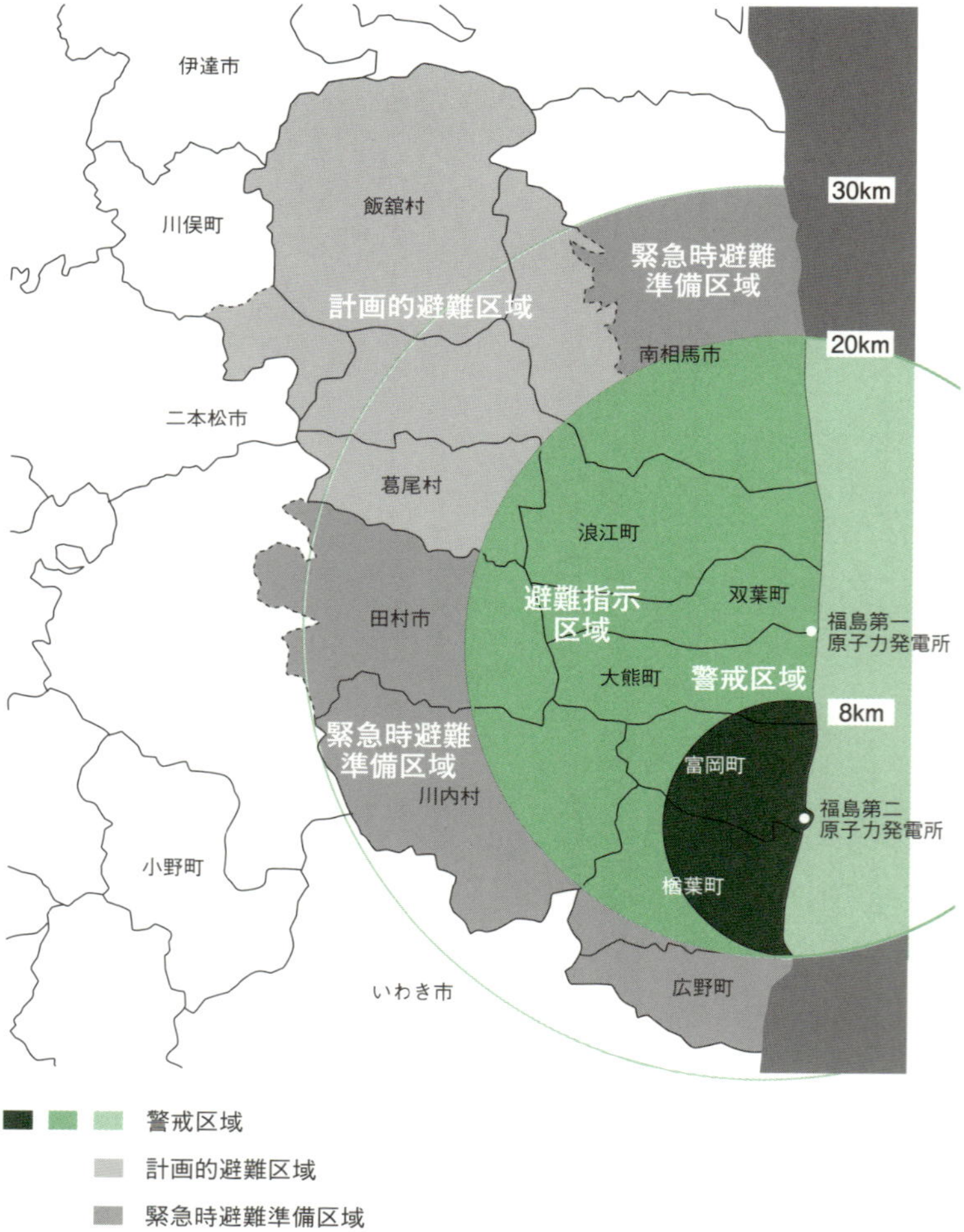

〔出所〕福島県庁ホームページ

ないと、いざというときに機能しません。

海外では、こうした避難路の確保ができて初めて原発を稼働させる例がありますが、日本の原子力規制委員会はこの部分を含めずに原発稼働を審査している。**安全協定の締結などを通じて、制度的に異議を唱えることができるのは自治体のみ**です。国に頼らず自らが情報を収集し、住民とともに考え抜いて判断することが求められます（反原発運動全国連絡会編『地方自治のあり方と原子力』七つ森書館、２０１７年）。

役所の業務継続計画（ＢＣＰ）

原発災害対策のみならず、各種の災害や非常事態に備えて、役所の業務継続計画（ＢＣＰ：Business continuity planning）を立てておくことは必須です。内閣府防災担当が「市町村のための業務継続計画作成ガイド」を策定している。【図表2―15】のように、消防庁の調査では、すべての都道府県と、64・2％の市町村が策定済みとなっています（２０１７年6月現在）。

ただし仔細を見ると、想定している災害は地震、水害が主であり、非常時に実効性があるかどうか、必ずしも確かではありません。**特に重要なのは、現在の庁舎以外の場所で業**

図表 2 - 15 ／市町村の実務継続計画策定状況

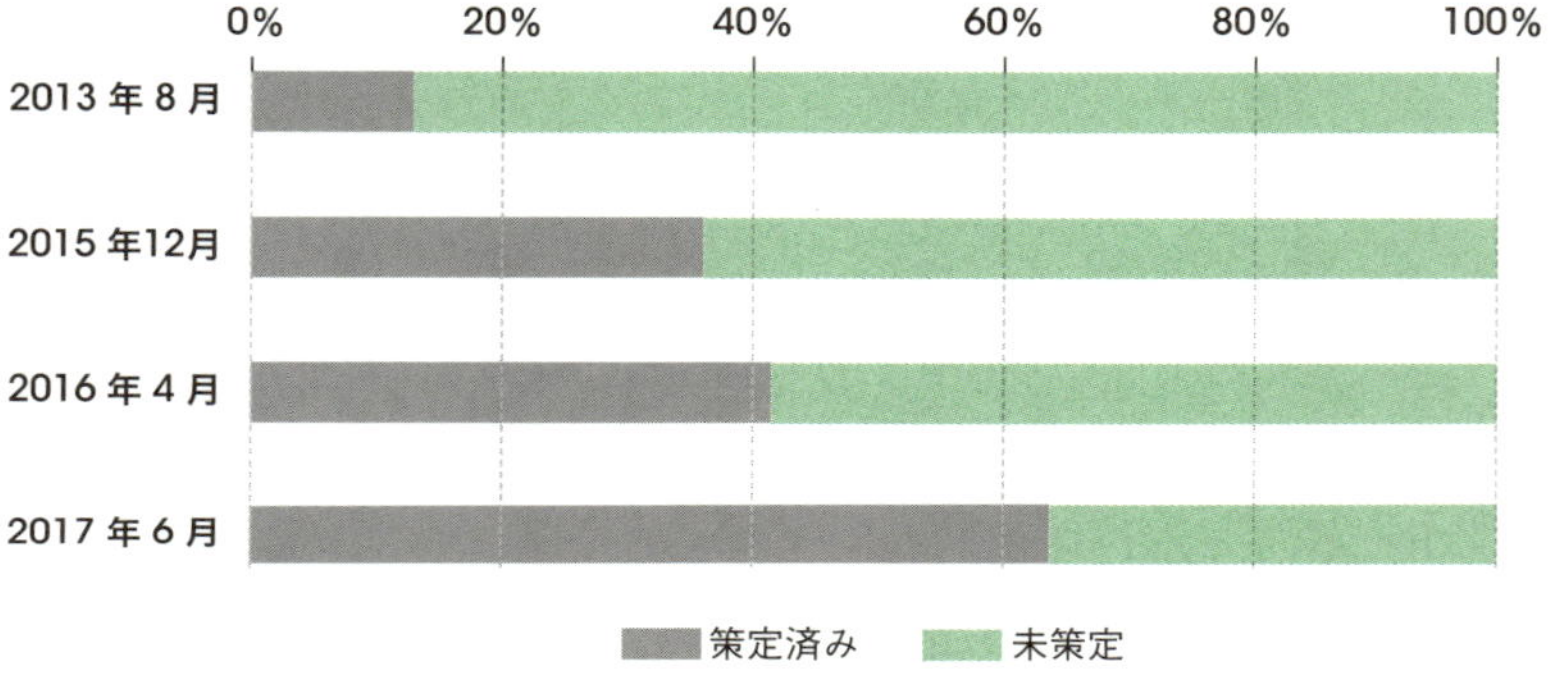

〔出所〕消防庁「地方公共団体における業務継続計画策定状況の調査結果」から筆者作成

務を再開することを想定しているかどうかです。この調査によれば「代替庁舎」を定めているところは少ない。代替庁舎については、自分の自治体の域外も含めて考えておくことが重要です。

また、そのための訓練も日常的に必要です。この調査では、訓練の実施状況も聞いていますが、あまり行われていない。問題の性質から考えて、順次、すべての組織で訓練を重ねておかなければならないでしょう。

社会全般にそうですが、自治体行政の実務においても情報インフラがあらゆる基盤となっているので、まず、これをどのように確保し、移転先で稼働させるかを考えておく必要があります。その前段階として、サーバーに蓄積された情報はもとより、職員個々が使用しているパソコンに貯め込まれた文書やメモなどを含めて、一日に何回かのバックアップが行われているか。

またそのデータは遠隔地にも保管され、非常時に回復することができるか。

さらに、庁舎以外の場所で執務を再開する場合に、これらのデータをどのように運ぶか。電源は確保できているか。即座にＬＡＮを敷くことができるか。これらの訓練も必要です。今回の原発災害では、各地の自治体で、避難後、改めて放射線量の高い庁舎に職員が戻りサーバーを運び出すという「決死隊」が組織されました。危険であるばかりか、そもそも手遅れになることがあります。

被災自治体とその職員

被災自治体とその職員が、依然として過酷な環境に置かれていることは容易に想像ができますが、それを社会に示すために、私たちは、原発被災自治体職員アンケート調査を実施しました（対象自治体は双葉郡8町村と南相馬市、飯舘村。詳細は、高木竜輔「原発被災自治体職員の実態調査（2次）」『自治総研』４７５号（２０１８年5月号）参照）。

まず客観的な状況を整理しておくと、震災後の業務は決算額ベースで約3倍になっています【図表2―16】。また、それを担う職員は、基本的には震災前と同じ数であり、臨時・非常勤職員の増員や他自治体などからの応援職員で対応しています【図表2―17】。正規

図表2-16／原発被災自治体の歳出決算額の推移

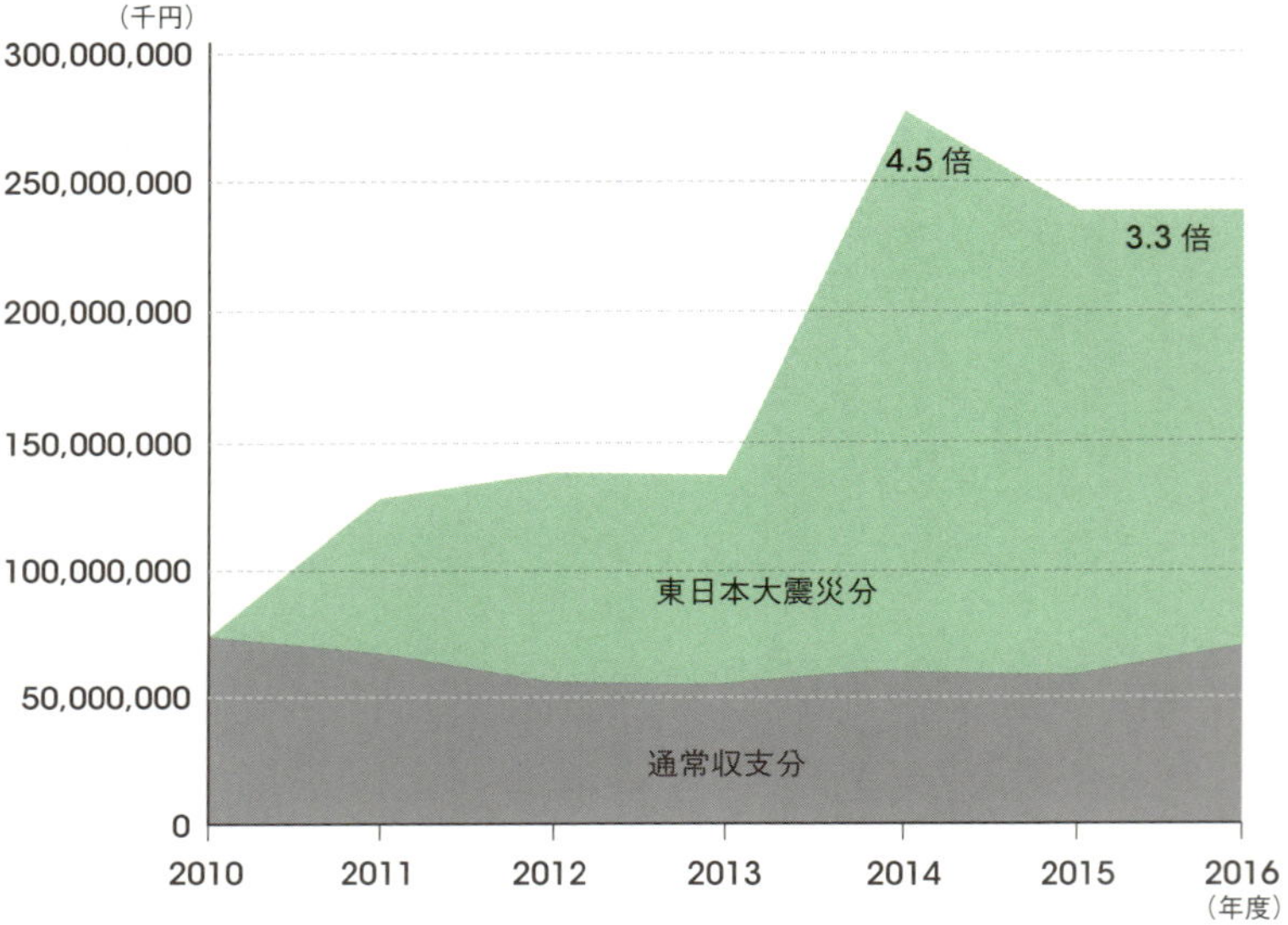

〔出所〕自治労福島県本部「原発被災自治体職員アンケート調査（第二次）調査報告書【概要版】」

図表2-17／原発被災自治体職員の採用形態

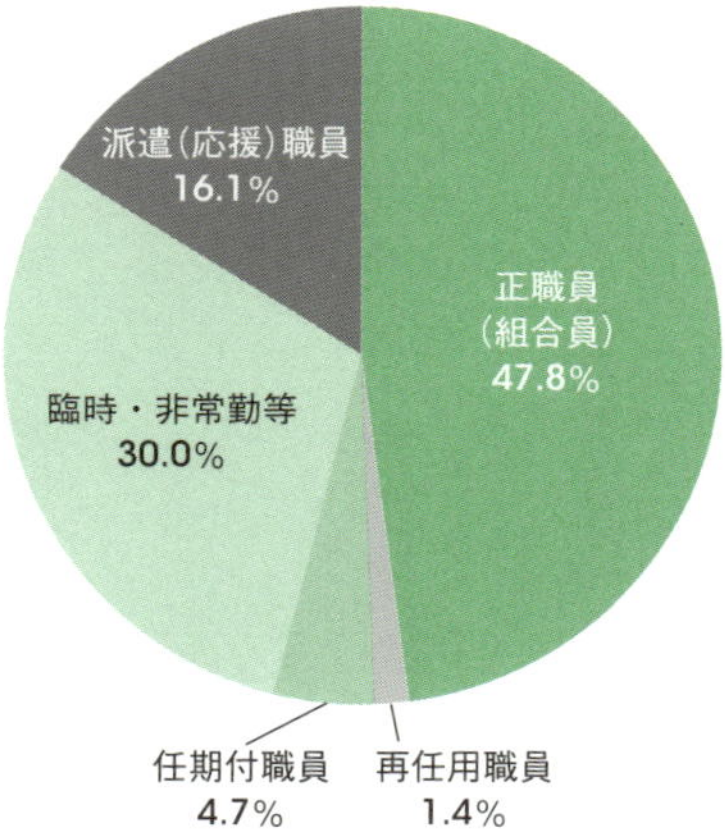

〔出所〕自治労福島県本部「原発被災自治体職員アンケート調査（第二次）調査報告書【概要版】」

職員は役所全体の約半分にとどまる。

その正規職員のうち、既に震災後に採用された職員が約4割を占めています。これは震災を契機として、過酷な業務や家庭環境、住環境などから早期退職を余儀なくされた人たちが多かったからです。

震災から6年半以上過ぎた2017年11月の時点で、震災前に一緒だった家族と分かれて生活している職員は、地域によってもありますが、いずれの市町村でも全体の5割から7割程度にのぼります。また、震災前と違う場所で暮らしている職員（大部分は避難を続けている職員）は、地域によって6割から9割になります。この中で、震災前に住んでいた住宅が、補修や新築をしないで居住可能であるのは2割から3割に過ぎない。これらから、職員もまた住民と同じように被災者であり続けていることは明らかです。

アンケートでは、生活上の不安や仕事上の悩みなどを聞いていますが、その中でも目立つのは、復興のあり方について、住民の意見の反映や役所内での議論が不足していると感じている人が多いことです【図表2－18】。定年退職前に退職するという意向も高くなっています。

福島県弁護士会では、こうした現状を踏まえ、政府に対して被災者の支援とともに、地域社会や住民を守る存在としての自治体やその職員に対する支援を求める決議をしました

図表２-18／原発被災自治体職員の意識

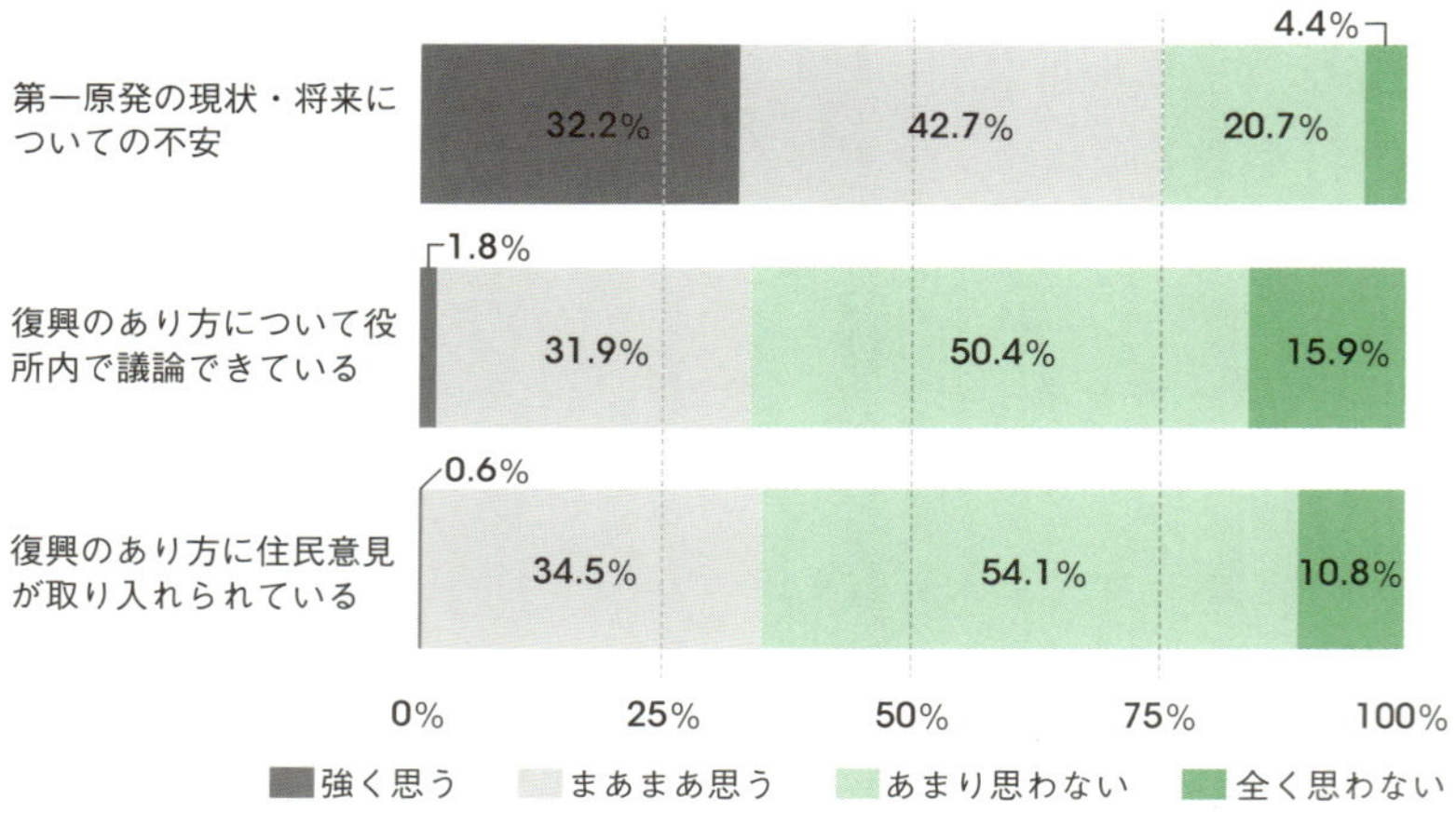

〔出所〕自治労福島県本部「原発被災自治体職員アンケート調査（第二次）調査報告書【概要版】」

（「避難指示等の解除等に伴い原発事故被害者の自由な選択を保障すること及び事故惹起にかかる国と東京電力の責任を踏まえた新たな支援施策を求める決議」２０１８年２月24日）。

東日本大震災と原発事故以降も、毎年のように広域で大きな災害がこれだけ続くと、災害対応は一時的な応援体制だけではカバーしきれなくなっています。国も、被災自治体職員数の地方交付税算定基準を引き上げるなど、10年先、20年先を見据えた政策対応をするべきときがきています。

PART 3

自治体行政の未来

公務活動から社会起業へ

自治体職員

増える業務量を誰が担うのか？

職員数は23年ぶりに増加

総務省の調査によれば、2017年4月1日現在の自治体職員数は2,742,596人で、**1994年以来23年ぶりに増加**しました。市町村の一般行政部門については、既に2015年から増加に転じています【図表3―1】。

相変わらず減少しているのは教育部門で、児童・生徒数の減少による教員の減員が大きい。逆に、この間、増員を続けているのは警察部門と消防部門です。**一般行政部門で増えているのは、児童相談所や福祉事務所など、子育て支援や生活保護関連業務の増加ではないか**と総務省は分析しています。一方で、業務の外部化や施設の民間委託などによる職員の減少は続いています。

市町村の一般行政部門職員数は、1996年をピークに2割以上も減少しました。この

図表 3 - 1 ／自治体職員（一般行政部門）数の推移

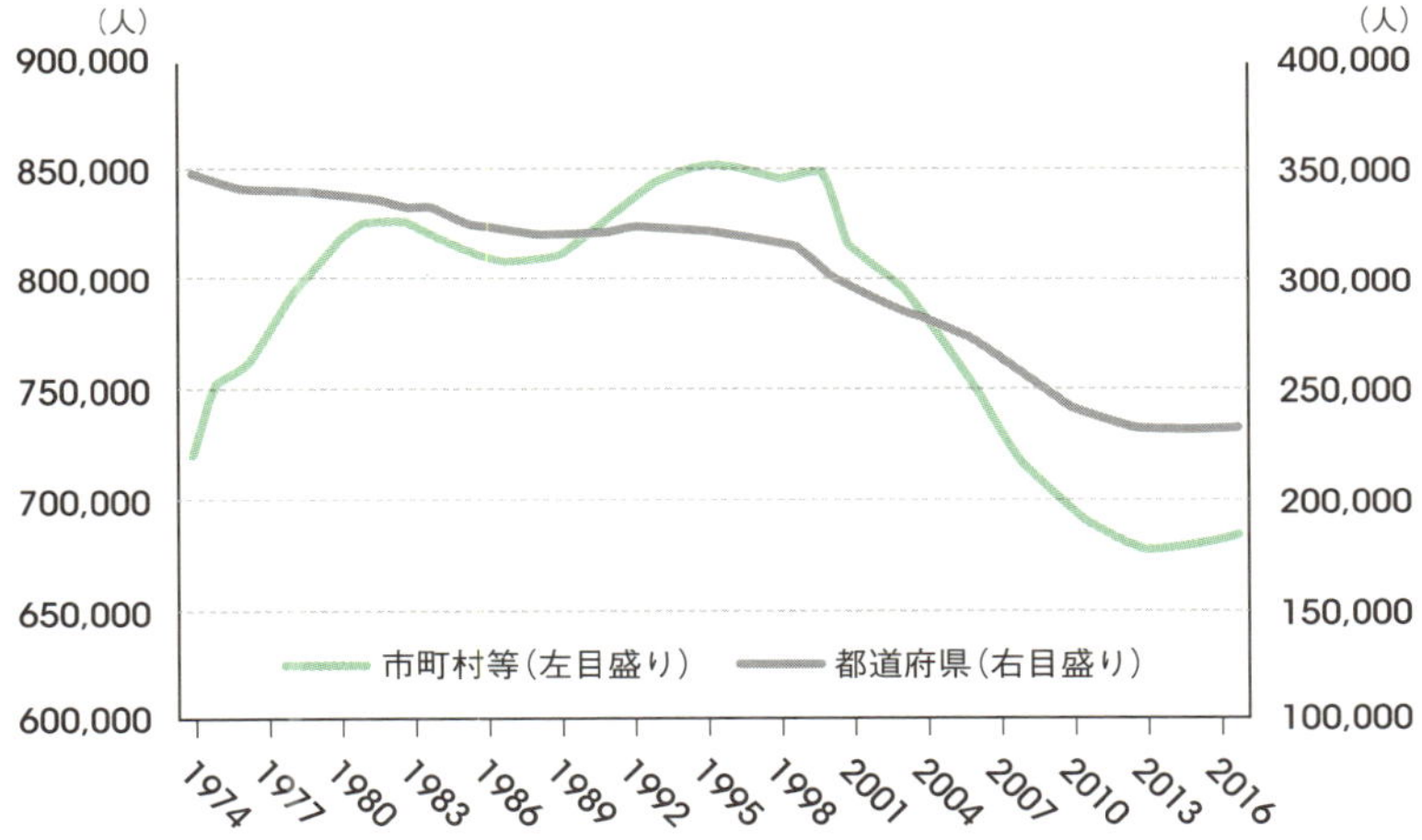

〔出所〕総務省「地方公共団体定員管理調査」各年版から筆者作成

間、介護保険制度など、たくさんの新規業務があり、業務量が増えているはずなので、なぜこれほど削減できたのか、これで大丈夫なのかという疑問が湧きます。

職員の生産性が上がった（つまり、労働がきつくなった）という要素もあるでしょうが、指定管理者制度の導入など、多くの業務が外部化（民間委託等）されたことが主因です。また、外部化されないまま役所に残っている業務でも、削減された職員の替わりに、多くの非正規職員（臨時・非常勤等）が充てられてきた。

縮小社会を迎えるので、**今後も以前ほど自治体職員数が増えるということは考えにくく、しばらくは現状の水準が続く**でしょう。しかし一方で、被生活保護者の増加など、**業務量そのものは増加の一途をたどるので、こうした業務に対して増員**

をすれば、必ずどこかで減員せざるを得ない状況に変わりはありません。

自治体職員の給与水準は、国家公務員の俸給月額を100としたラスパイレス指数によると、2017年4月1日現在で99・2となっている。90年代まではラスパイレス指数が高すぎると批判されてきましたが、現状ではほぼ国家公務員並みになっていて、自治体によるバラツキも少なくなっています。

職員のなり手不足?

このような環境の中で、自治体職員のなり手不足問題が言われています。

総務省公務員課の調べによれば、2016年度に実施した全国の自治体の職員採用試験の競争倍率は平均6・5倍で、**記録を取り始めた1994年度以降、最低だった**と報道されている。【図表3―2】のとおり、2004年度と比べると競争率は約半分になっています。都道府県では12・2倍が6・0倍へ、市区では14・0倍が7・0倍へ、町村は10・0倍が5・3倍です。

一般的に、民間企業の採用意欲が高いときには公務員採用試験の倍率が低下すると言われている。今回もその要素があるでしょうが、もう少し深く考えると、そもそも若年世代

図表３-２／自治体職員採用試験競争率の推移

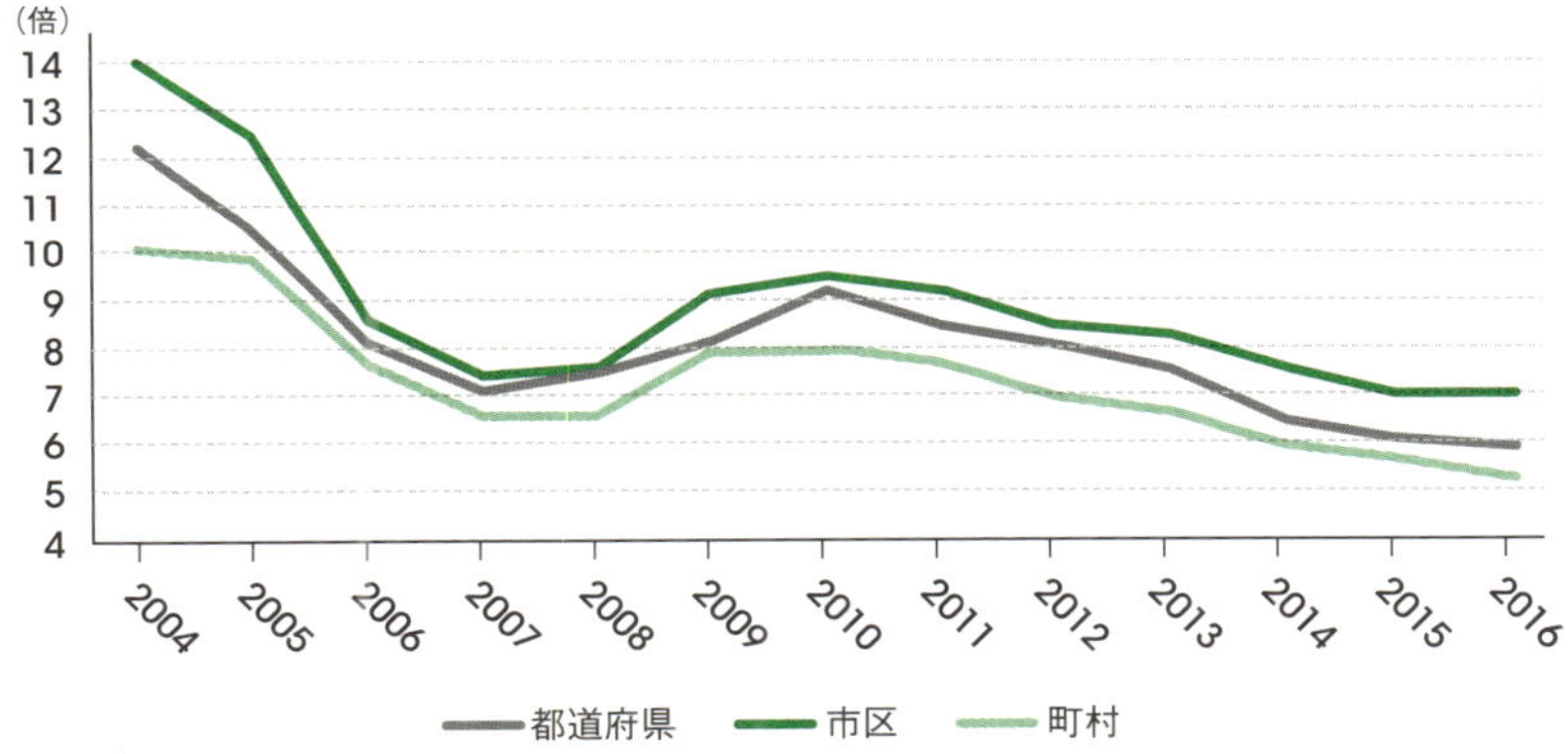

〔出所〕総務省ホームページから筆者作成

が少なくなっているときに、これまでと同じような倍率を維持することは難しいでしょう。

報道では、２０１６年度の合格者のうち、２０１７年４月１日で採用されたのは77・０％、都道府県の大卒に限れば、64・３％となっています（２０１８年２月13日共同通信配信）。つまり、**採用試験に合格しても採用辞退をする人たちが少なくない。**北海道庁では、大卒程度試験で63％が採用辞退をしたと報道されています。驚くべき数字です。

倍率が低くなったということと採用辞退が多くなったということでは、意味合いが異なります。**「倍率が低い」ということは、公務員への応募者が少ないということですが、「採用辞退」ということは、公務員志望なのにその自治体を選ばなかった人が少なくないと思われる**からです。

土木職などの技術職については、さらに深刻な状況です。それぞれの専門的な技術を学んできたとしても、役所では管理監督業務が多く、あまりクリエイティブな仕事がありません。技術は日々進化しているので、就職してからも常に学習が不可欠ですが、役所内に少数しかいない技術職の場合、そうした刺激に接することも少なくなります。民間企業など、役所外の技術者の活力をどのように役所の業務に生かしていくかを考えていく必要がありそうです。

脱・公務員試験宣言

こうした事態を受けて、採用試験のあり方を見直す動きもある。

たとえば、専門試験や教養試験を廃止して人物本位の採用試験にするとか、社会経験者をターゲットとした中途採用者向けの試験を行うなどです。就活対象者の保護者層に説明会を開催するという例もあります。意表を突いた採用試験のポスターを作成して、話題を集めている自治体もあるようです。

茅ケ崎市（神奈川県）では「脱・公務員試験」を宣言し、「予備校に通って勉強をしたり、特別な対策をしなければ解けないような筆記試験を廃止」して、採用試験を面接重視に転換しています。具体的には、エントリーシートを第1次試験とし、集団面接・適性検査が第2次試験、第3次と第4次試験の個人面接を経て合格発表となります。さらに内定者交流会を2回から3回開き、その上で採用決定になる（2019年「茅ヶ崎市職員採用案内」より）。面接重視とはいえ、自治体職員の採用試験で筆記試験を廃止したことには驚かされます。

民間企業ではこのような採用方法が当たり前なので「英断」と評価するべきですが、もし自治体職員の採用試験で同じようなことをするのであれば、いくつかの課題があります。

そもそも、**なぜ自治体には任命権者とは別に、人事委員会や公平委員会という制度が設けられているのか**という意味を考えておく必要があるでしょう（ただし、人口15万人未満の市町村等では人事委員会や公平委員会は必置ではなく条例設置となる）。

任命権者である市町村長・知事は4年に1回、市民の選挙という洗礼を受けます。その結果によっては任命権者が交替することもある。もちろん、自治体職員は任命権者の補助機関ですから、その指示に従って仕事をするのですが、最終的な判断基準は規範上の雇用主である市民にあります。だからこそ、第三者機関とされる人事委員会や公平委員会が設けられているのです。

面接重視や人物重視という理念はそのとおりですが、問題は誰が評価するのかということです。むしろ評価する側の質が問われます。民間の大企業の場合には、評価者も段階を追って若手から経営責任者まで重層化されていて、採用候補者を推薦した評価者もまた評価されるというしくみになっている。

評価スキルを高めていくことはもちろんですが、**自治体職員の採用試験では、任命権者とは別に市民目線の評価者が必要になる**でしょう。たとえば、教育関係者、地域経済界、ＮＰＯ関係者など、「こんな職員がいてほしい」と思っている人たちが、評価者の一角に座れば、評価者の間にも緊張感が高まる。ここを欠くと、市町村長・知事による恣意的な職員採用ではないかという疑念を市民に抱かれることになってしまいます。

人事評価

職員が活躍できるチャンスを見出す評価を！

職員を評価する意義とは

地方公務員法の改正により、2016年度から自治体職員に人事評価制度が導入されました。それまでも勤務評定制度がありましたから、決して制度上、人事評価がされていなかったわけではないのですが、今回は能力と業績の両面から客観的に評価し、それを任用、給与などの人事管理の基礎とすることが求められている。

総務省が施行1年後現在の時点で調べた実施状況が【図表3―3】のとおりです。

昇給に活用している自治体は全体の25・7％、勤勉手当に活用しているのは31・0％、昇任・昇格に活用しているのは19・2％となっています。逆にまだ評価区分を設定していない自治体は、昇給で40・8％、勤勉手当で39・0％、昇任・昇格で68・5％です。ざっと見たところでは、まだまだこれからというところでしょうか。

図表3-3／自治体職員の人事評価の活用状況

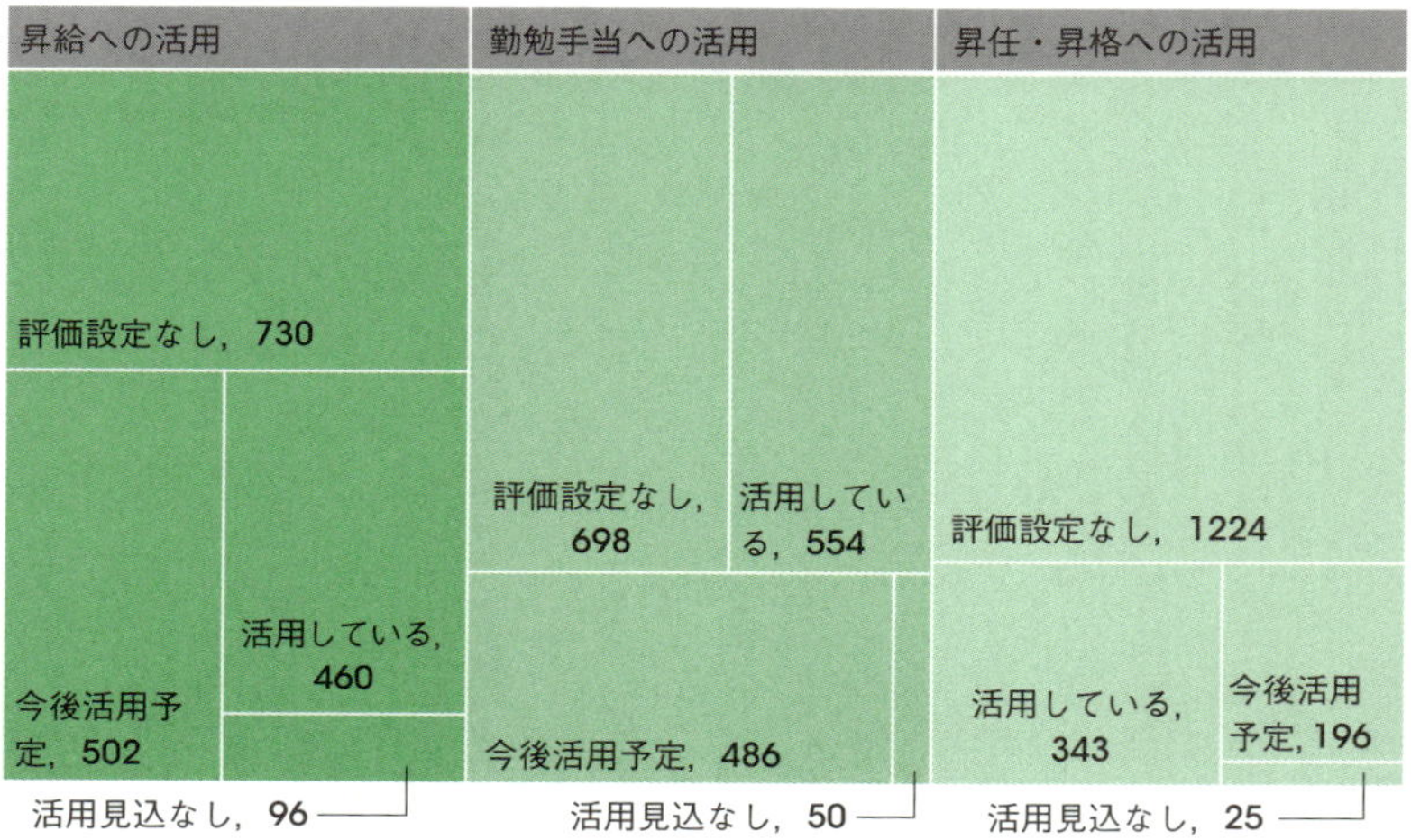

〔出所〕総務省「人事評価結果の活用状況等調査結果」（2017年4月1日現在）から筆者作成

自治体職員の人事評価が難しいということはこれまでも言われてきました。しかし、職員の働きぶりを評価しないということは、市民自治の観点からもあり得ない。誰が見てもよく働いている人と、誰が見ても働いていない人はわかります。また、能力があるのに発揮していない人と、持っている能力を十二分に発揮して働いている人がいる。すなわち、**「能力」と「業績」の二つの軸を組み合わせて評価する必要がある**のです。

たとえば、育児や介護などの生活環境でハンディキャップのある人は、仮に能力はあっても十分な業績を上げることができないという場合もあります。単に業績だけで評価してしまうと、このような人は不利になってしまう。能力という潜在力を評価することが、これからその人が活躍できるチャンスを職場として見出せるか否かにつながり、結果的にそれが組織の力となります。**人事評価は結果としての業績だけが判断基準ではない**のです。

人事評価は大雑把でいい

そこで問題になるのは、どのように評価するかということと、その評価を人事管理にどのように反映させるかということです。そもそも人間の能力を判定することは難しいですし、それ以上に、**大部屋主義（一つの仕事を、個々が責任を負うのではなく、係などの組織単位で取り組むこと）では職員一人ひとりの業績を測ることは非常に困難**です。しかも役所では何が業績なのかもわかりにくいとも言われます。

客観的な評価が必要ということはわかる。業績は結果ですから、客観的のように見えます。しかし、その業績がわかりにくいのです。そこで無理やり業績の指標をつくり出すと、結果的に客観的ではなくなります。管理職が恣意的に評価しているのではないかと職員に思われたら、職場や職員のモチベーションが低下してしまう。また、たくさんの評価指標を設けても客観的な評価になるわけではありません。

管理職による評価が基準になるのは当然としても、それとは別に職場内の評価をして検証するという作業も必要でしょう。管理職による評価と職場内の評価が大きく異なるのであれば、評価の信頼性を疑うべきです。

これらのことを踏まえると、評価指標はかなり大雑把でよいのではないか。**ここで目指すべきなのは、誰が見てもよく働いている人と、誰が見ても働いていない人を示すこと**です。総務省の資料によれば「全体の約90％がB評価（標準）になって」いることが問題であるかのように書いてありますが、むしろこのことは自然だと考えるべきです。

「業績評価」は勤勉手当に反映させるものです。ただし、大多数の職員が平均であるということが重要で、無理やり多くの段階を設ける必要はない。一方、「能力評価」は昇任・昇格に反映し、さらに能力が活用できる場を提供することに利用するべきです。

いずれにしても、人事評価やその活用において、自治体の取り組みが遅れているのは気になるところです。しばらくはまだ試行錯誤が続くと思いますが、国から示唆される標準的なモデルではなく、その自治体らしい人事評価制度をそれぞれで工夫していくことが大事です。

執行体制

自治体の仕事は、社会的分業が進む！

「働き方改革」？

社会一般に労働環境は厳しくなっていますが、自治体職員も例外ではありません。【図表3―4】は自治体職員の主な疾病分類別の長期病休者（10万人率）の推移です。2000年代から「精神及び行動の障害」が大きく伸びている。長期病休者割合が伸びているのはここに要因があります。どの役所でも悩んでいることです。

これに対して、メンタルヘルスチェックなどがそれぞれの自治体で試みられています。ただ、専門家の関与やチェック後のフォローが不足しているという声もあり、必ずしも十分な成果を上げていません。

【図表3―5】は、自治体職員の時間外勤務の実態について総務省が調査したものです。出先機関はその性質上、本庁よりも時間数が少なくなっていますが、**本庁職員の5％以上**

図表 3 - 4 ／主な疾病分類別の長期病休者（10 万人率）の推移

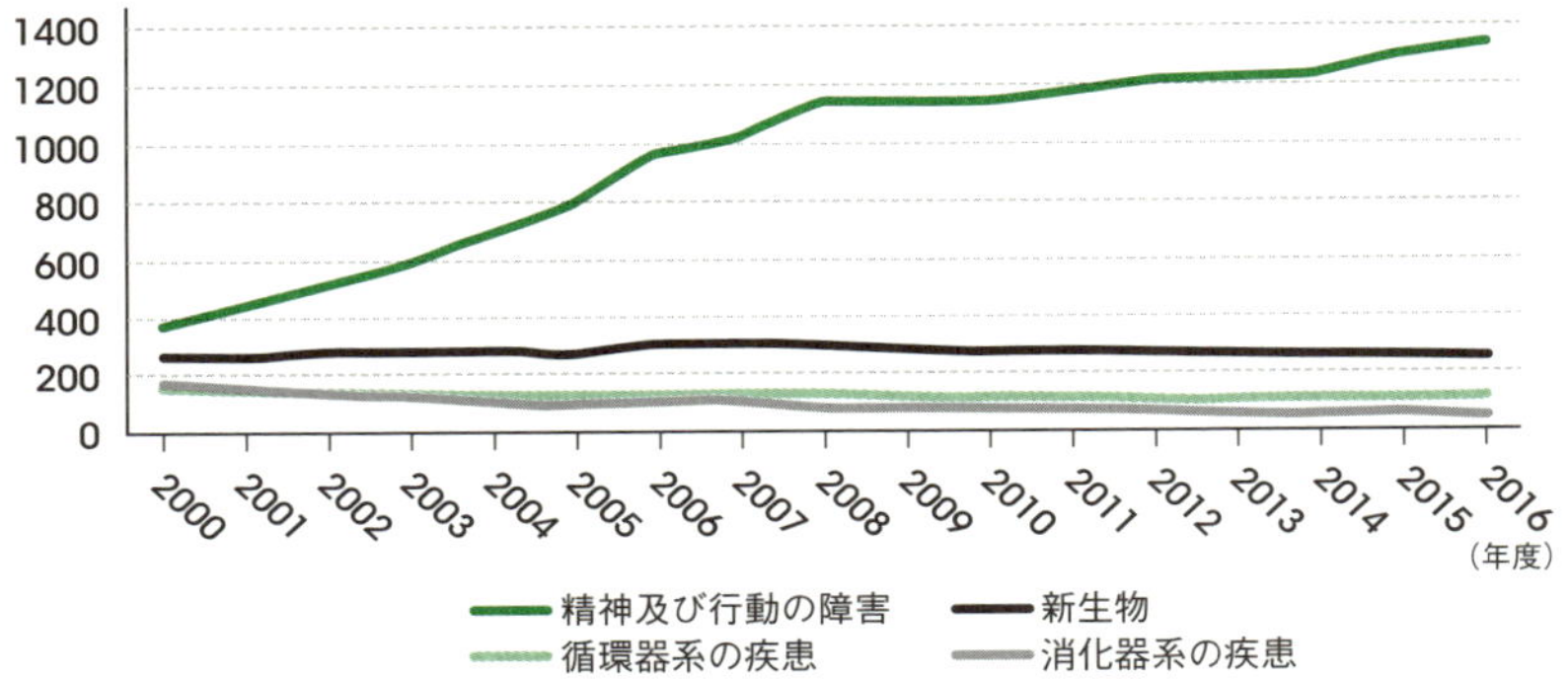

〔出所〕地方公務員安全衛生推進協会「地方公務員健康状況等の現況に関する調査結果について」『地方公務員月報』各年 12 月号から筆者作成

が、平均して月60時間を超える時間外勤務をしています。毎日3時間ずつ超勤をしている計算になる。

口コミやSNSでは、「あそこの職場に異動すると殺される」といったうわさが流布していますし、なかなか表面化しにくいですが、現に自殺者も各所で出ているようです。一般に自治体職員の職務に対する倫理意識は高いと言われているだけに、悲劇を回避する方策を任命権者や管理監督者の責任で講じる必要があります。そのためには職務のあり方を見直すことが必至です。

社会的分業を進める

根本的には自治体職員制度のあり方を見直す、つまり行政の執行体制を見直すことが必要になってきます。たとえば、しばしば社会経験の少ない新規採

図表 3 - 5 ／自治体職員の時間外勤務

	本庁	出先機関
時間／月	18.3	9.9
時間／年	219.6	118.8
月 60 時間以上超 80 時間以下	3.2%	0.8%
月 80 時間超	2.2%	0.4%

〔出所〕総務省「地方公務員の時間外勤務に関する実態調査結果」（2017 年 3 月 29 日）から筆者作成

用職員が生活保護のケースワーカーに充てられています。いきなり、それまでの人生経験では出会ったことのない人たちと接触することになり、ストレスを抱える職員も少なくない。

本来、こうした専門性の高い業務は知識や経験の蓄積が不可欠です。専門家集団へのアウトソーシングをはじめ、専門職制度の確立など、取り組むべき余地があります。

将来にわたって、自治体職員固有の職務がゼロになることは想像できませんが、**必要最小限のコアとなる組織を持続的に確立しつつ、民間企業や市民活動などの社会的活動との組み合わせで行政執行をする**ような方向に改めないと、自治体職員の意欲や能力を十分に引き出せないのではないか。

民間企業や市民活動などとの組み合わせというのは、決して固定的ではありませんし、地域事情によっても異なります。同じ業務でも、地域によっては市民活動や企業活動に委ねることができるし、他の地域では自治体職員が直接担わなければならないことがあります。

総務省で進めているような「トップランナー方式」など、理念的、画一的な役割分担論を振りかざしても、現実が追いつかなければ無為であり、むしろ有害になる。その象徴が次節で触れる非正規問題です。単に正規職員を非正規職員に置き換えて、コストを削減したかのようにふるまっても、ただ問題をすり替え、むしろ事態を深刻化させてしまうだけだからです。

非正規職員

会計年度任用職員制度で問題の本質は解決しない！

専門職として地域を支える非正規職員

自治体職員減少のあおりを受けて増加しているのが非正規職員です。

【図表3―6】は、どの分野でどのように非正規職員が増加しているのかを見たものです。全体的には、この10年ほどで約2倍に増えています。**市町村の一般行政部門の職員数が約68万人ですので、ほぼそれに匹敵する人数**になっています。

非正規職員がどの分野で活躍しているかというと、実は専門職や資格職なのです。普通に考えると、アルバイトというのは単純反復作業のところで求められるような気がしますし、確かに自治体にもそういう人たちは少なくないのですが、専門職や資格職にも非正規職員が多く存在します。

たとえば、公立保育園に勤務する保育士の51・4％は非正規です。児童虐待相談など、

図表3-6／職種別非正規比率

（2016年4月1日現在）

	非正規	正規	非正規割合
一般事務	159,559	732,573	17.9%
技術職員	9,316	211,959	4.2%
医　師	8,138	21,956	27.0%
医療技術員	11,851	46,409	20.3%
看護師等	28,043	150,174	15.7%
保育士等	99,958	94,544	51.4%
給食調理員	37,985	24,892	60.4%
技能労務	56,853	90,673	38.5%
教員・講師	92,494	842,394	9.9%
図書館員	16,484	8,761	65.3%
その他	122,450	410,692	23.0%
合　計	643,131	2,635,027	19.6%

〔出所〕上林陽治「欺瞞の地方公務員法・地方自治法改正（上）」『自治総研』2017年5月号から筆者作成。原資料は各年の総務省「臨時・非常勤職員に関する実態調査結果」

専門性と経験が必要な窓口職場も約半数が非正規職員です。

では、正規職員と比較して非正規職員の業務実態に問題があるかというと、むしろ逆の評価もあります。

人事異動がなく、スキルの高い非正規職員が長年にわたって勤務している場合、人事ローテーションで2、3年在籍するだけの正規職員よりも評価が高く、むしろ指導的立場にあることが多いのです。特に図書館では、司書資格を持つ非正規職員が勤務していることが多く、市民にも喜ばれている例もあります。相談業務もそうです。

ところが、非正規職員であるがゆえに処遇が低く抑えられている【図表3—

図表3-7／正規・非正規の年収換算額比較

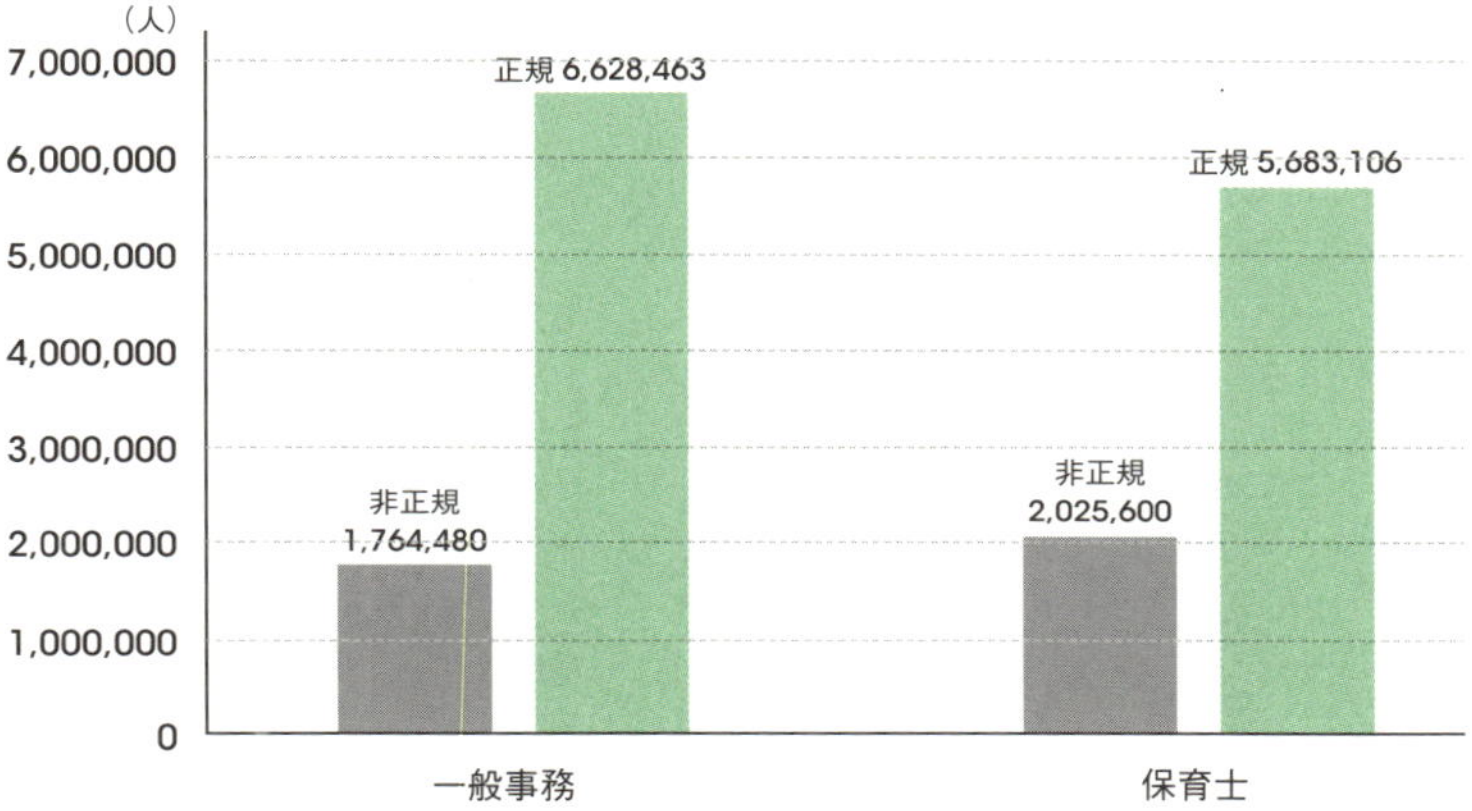

〔出所〕上林陽治「欺瞞の地方公務員法・地方自治法改正（上）」『自治総研』2017年5月号から筆者作成

7】。一般行政部門の職員では担えないような専門的な業務や、住民と直接に接触する相談業務などには非正規職員が多く、しかも職員が得ている3割前後の報酬で雇用されています。こうして、**二重にも三重にも矛盾が生じており、そのひずみが個々の非正規職員を直撃している**というのが現状です。

会計年度任用職員制度とは

このような状況を何とかしなければならないという動きも出てきています。

最初に、荒川区（東京都）が非正規職員について事実上の昇給制度をつくりました。それまでそのような発想がなかったという意味では風穴を開けたと言える。こうした自治体の試行の積み重ねによって、国も地方公務員法と地方自治法を改正し、「会計年度任用職員制度」を創設することになりました。２０２０年４月から施行されるので、それまでの間にそれぞれの自治体では準備をする必要があります。

それでは、会計年度任用職員とはいったいどのようなものなのか。果たしてこの制度で現在の非正規職員をめぐる問題が解決するのか。

まず、現状を確認しましょう。現在の非正規職員について、法制度的には次の３種類に分かれます。

①地方公務員法３条３項３号の特別職非常勤

主として、学校医のように、特定のスキルや資格を持っている人たちが一時的に公務をする場合なので、制度が期待している本来の非常勤職員制度だと言えるでしょう。

②地方公務員法22条の臨時的任用職員

「臨時の職」と書いてあるので、しばしば臨時職員と呼ばれます。臨時職員というとアルバイトと同じように見えますが、本来は、たとえば育児休業職員の替わりに期間限定で勤務する職員などを指す。

③地方公務員法17条に基づく一般職非常勤職員

ただし、この条文のどこを見ても非正規職員らしいものは書かれていない。一般職の職員全般のことを規定しているだけです。

図表3-8／会計年度任用職員への移行

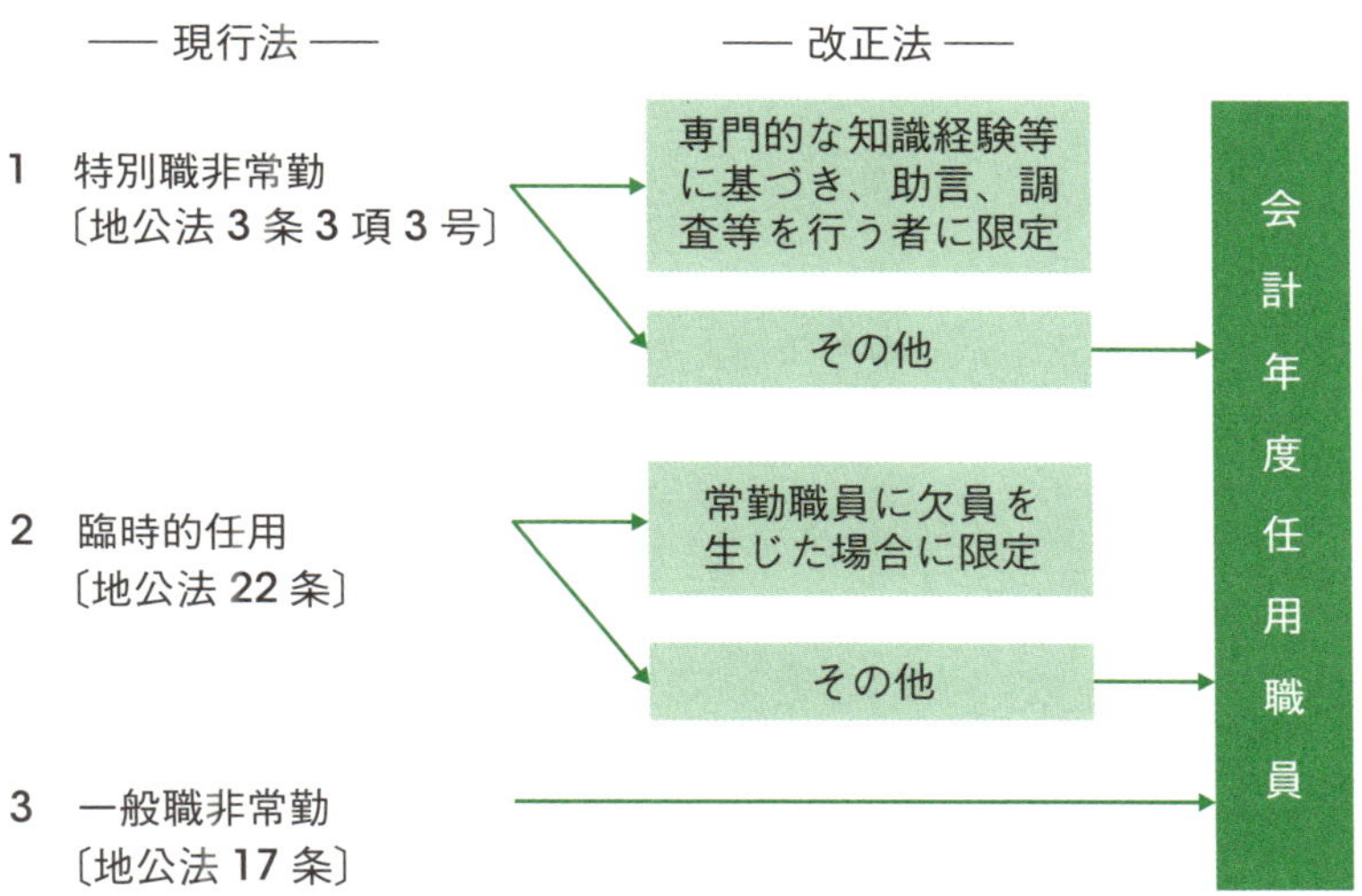

つまり、これほど拡大してきた非正規職員のほとんどは地方公務員法上、明確な根拠規定がない。だから、同じ種類の非正規職員でも、自治体によって根拠はバラバラというのが現実です。そこで編み出されたのが、会計年度任用職員という概念です。

次に改正法を見てみましょう。まず会計年度任用職員の前提条件は二つです。

①一会計年度の期間を限度とする有期雇用であること、②非常勤の職であること、です。この場合の非常勤とは、勤務時間の長短のことを意味していません。フルタイムでも該当する可能性がある。つまり、**常勤職員と任期付職員・再任用職員を除いた職員という意味**です。

【図表3—8】を見てください。現在、非正規職員と呼ばれている職員が改正法ではどう移行するかを模式化したものです。

このように整理される会計年度任用職員ですが、その中も二つに分かれます。①フルタイムの会計年度任用職員、②パートタイムの会計年度任用職員です。

フルタイム型には給料、諸手当、退職手当が支給される。給料は類似する業務に従事する常勤職員の初号給を基礎として加算されることになっています。

一方、パートタイム型には報酬、費用弁償、期末手当の支給が規定されていますが、期末手当は6月以上勤務している者に対して支給することが「できる」規定なので、必ずしもすべてのパートタイム型に支給されるとは限らない。報酬の中には、時間外勤務手当に該当する報酬も含まれることになっています。

会計年度任用職員制度への危惧

会計年度任用職員制度について説明してきましたが、どうもすっきりしません。先に述べてきたように、非正規職員が専門職や資格職に多用されている現状と、にもかかわらず低い処遇にとどまっているという実態を、この制度で改善できるでしょうか。むしろ別の意味で制度の硬直化が起こってしまうのではないかという危惧もあります。

まず、**どれだけの人たちがフルタイム型の会計年度任用職員に位置づけられるか**という問題があります。この判断は自治体に委ねられている。総務省の調査では、フルタイムの非正規職員が約20万人と、全体の3分の1を占めていますが、この中でどの程度の人たちがフルタイム型に移行するのか。確かに、移行すれば、類似業務の常勤職員に近い処遇になる可能性がありますが、**もしパートタイム型に移行すれば、それほど現状と変わらず、ただ期末手当が支給される可能性があるだけ**です。自治体の立場に立てば、パートタイム型に移行させようというインセンティブが働く。結局、現状の矛盾が追認され、しかも法的に固定化されてしまうことにならないでしょうか。

現在の自治体行政は非正規職員の存在なしには成り立たないところまできています。その働きを高く評価し、きちんとした処遇をするということが未来の自治体にとって必要不可欠です。

「公務員」の範囲が小さくなる時代がやってくる!?

指定管理者制度の定着

減少する自治体職員の替わりに自治体の業務を担ってきたのは、非正規職員とともに、民間委託などで外部化された業務（アウトソーシング）に従事する人たちです。その数は計りしれない。もちろんそのような統計もありません。

しかし、自治体の業務の一部を担っていることは間違いなく、その意味で「公務員」とも言えます。「公務員」と呼ぶのが不適切であれば「公務職員」というふうに区別してもよいですが、**役所の職員や非正規職員以外にも公的で社会的な仕事を担っている人たちが多数存在するということに、私たちは心を配っておく必要があります。**

外部化の主な手法は、株式会社などへの民間委託やいわゆる「第三セクター」と呼ばれる出資団体への業務委託でした。ＮＰＯ法ができて、市民活動が法人格を持つと、市民団体への委託事業も多少増えた。この一部は「協働」とも呼ばれます。

２００３年、地方自治法に指定管理者制度ができると、一気に外部化が進みました。指定管理者制度とは、地方自治法上の「公の施設」について包括的に管理委託できる制度です。従来、行われていた業務委託と比べて、たとえば、施設使用料を自治体が収納するのではなく、指定管理者が収納できる「利用料金制」を適用することができる。つまり、**「公権力の行使」と呼ばれているものの一部を指定管理者が執行できるようになった**のです。

指定管理者制度の対象となる「公の施設」とは、一般に公共施設としてイメージされるような市民ホールなどばかりではなく、市民が利用する自治体の施設や設備全般のことを指します。たとえば、道路、水道、公園なども含まれる。ただし、指定管理者が行使できる権限には制約があります。

【図表３―９】のように、指定管理者制度の導入が伸びている施設は、基盤施設や文教施設が目立つ。基盤施設とは、公園、水道、下水道などです。文教施設とは、文化会館、博物館、図書館などになります。都道府県ではすべての公の施設１１,５２５の内、６,９０９施設、59・９％が指定管理者への委託になっている。これからも、水道、下水道などのインフラ設備への導入が進むことになりそうです。

図表3-9／施設区分別指定管理者導入施設の伸び

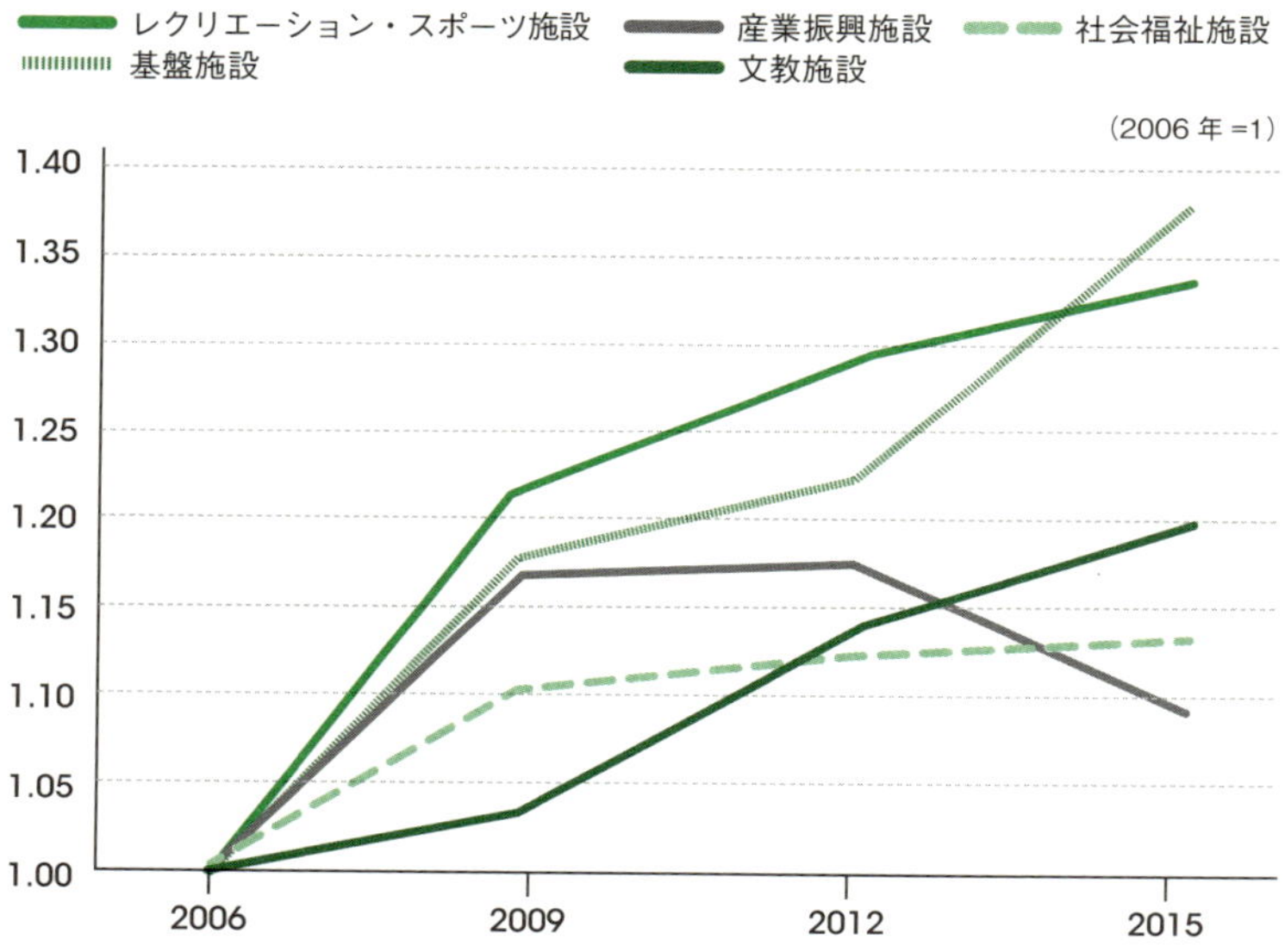

〔出所〕総務省「公の施設の指定管理者制度の導入状況に関する調査結果」各年版から筆者作成

外部化で問われる、公務員の存在意義

減少する自治体職員に替わって、公共的な仕事を担う外部化ですが、批判や問題点も多数あります。たとえば、地方都市や小規模自治体になると、そもそも外部化したくてもその仕事を受け止められる企業や団体が存在しない。そこで、市町村は社会福祉協議会などの公益団体や、いわゆる「第三セクター」などの出資団体を作り、そこに外部化しようとしますが、それでも地域に人材がいなければ簡単にはいきません。

図表3-10／指定管理者制度の中止等の推移

	2009年	2012年	2015年
指定取消し	672	831	696
一定期間業務停止	8	51	47
指定管理取りやめ	1,420	1,533	1,565
合　計	2,100	2,415	2,308
内、直営へ戻し	451	631	767

〔出所〕総務省「公の施設の指定管理者制度の導入状況に関する調査結果」各年版から筆者作成

こういう場合、地域の人たちからは、**「むしろ就業環境の整った自治体職員が自ら直接やるべきだ」**という声が出てきます。しかし、全国的には「公務員」削減の声のほうが大きく、それを受けた総務省なども自治体職員の仕事を代替するしくみを次々と導入するため、役所は板挟みにあってしまう。

外部化に対する根本的な批判もあります。**「外部化は自治体としての責任放棄ではないか」**とか、**「外部化すると営利中心になって適切な住民サービスが行われないのではないか」**といった意見です。確かに、指定管理者制度では毎年のように指定取消しなどが起きており、直営に戻すケースも増えています【図表3―10】。中には直営に戻したほうがコスト的にも効率化されたという意見まであります。

重要なことは、市民が「今日と同じように明日も暮らせる」ことですから、**それができるのであれば外部化することも可能だし、地域によってそれができないのであれば、自治体職員が自らやらざるを得ない場合もある**でしょう。

そういう意味では、未来の自治体においては「公務員」という存在自体が問われるかもしれません。外部化された業務を担っている人たちも公共的な仕事をしている「公務職員」であると考えれば、逆に身分としての「公務員」の範囲は限りなく小さくなる。たとえば、外部化すればそれをモニタリングするという新しい仕事が増えますが、このように最終的に責任を負うべき存在だけが「公務員」として残るのかもしれません。

窓口業務

自治体職員以外が「公権力」を行使する時代へ！

難航を極めた窓口業務委託

自治体業務の外部化の中で、なかなかすっきりといかない課題が窓口業務の委託でした。住民票の写しや戸籍謄抄本など、各種証明書の発行業務の委託について、国が抵抗してきたのです。

たとえば、三鷹市（東京都）による構造改革特区提案（2002年から2003年）や、2006年の市場化テスト法（競争の導入による公共サービスの改革に関する法律）、さらに、足立区（東京都）に対する東京法務局の業務改善指示、東京労働局の是正指導（2014年）などの動きの中で、国は一貫して窓口業務委託について否定的でした。

そこで急浮上してきたのが、地方独立行政法人による窓口業務委託という「抜け道」です【図表3―11】。2017年に法改正が行われたので、「抜け道」というのは当たらない

図表3-11／地方独立行政法人法改正の概要

○地方独立行政法人の業務に窓口関連業務を追加する
○窓口関連業務を行う地方独立行政法人を申請等関係事務処理法人とし、監督命令等の市町村の関与を定める
○住民が行政救済の手続きを行えるようにし，住民の権利利益の保護を図る
○申請等関係事務処理法人を複数市町村が活用できるようにする

かもしれませんが、これまでの経過から考えると非常にわかりにくく、あたかも「抜け道」のように見える。

最大のわかりにくさは、これまで民間委託や指定管理者、さらに、いわゆる「第三セクター」などには、窓口業務委託をしてはいけないと言ってきたのに、**なぜ地方独立行政法人ならできるのか**ということです。

国はその理由として、「自治体の統制が効く」ということと「法人の自主性や自律性」を挙げていますが、この両者は「あちらが立てばこちらが立たず」という二律背反です。今回の法改正のように、新たに規制を設ければ、仮に民間企業でも同じような環境をつくり出すことは可能です。あえて行政のしくみを複雑にしているように見える。

未来の自治体のことを考えるのであれば、もっと簡便な方法があります。**そもそも証明書等の発行事務が「公権力の行使」であるという考え方を見直す**ことです。これまで国が窓口業務の中で公務員以外ができないとしてきたのは、【図表3－12】の中の「審査・決定」

図表3-12／国の考える窓口業務の流れ

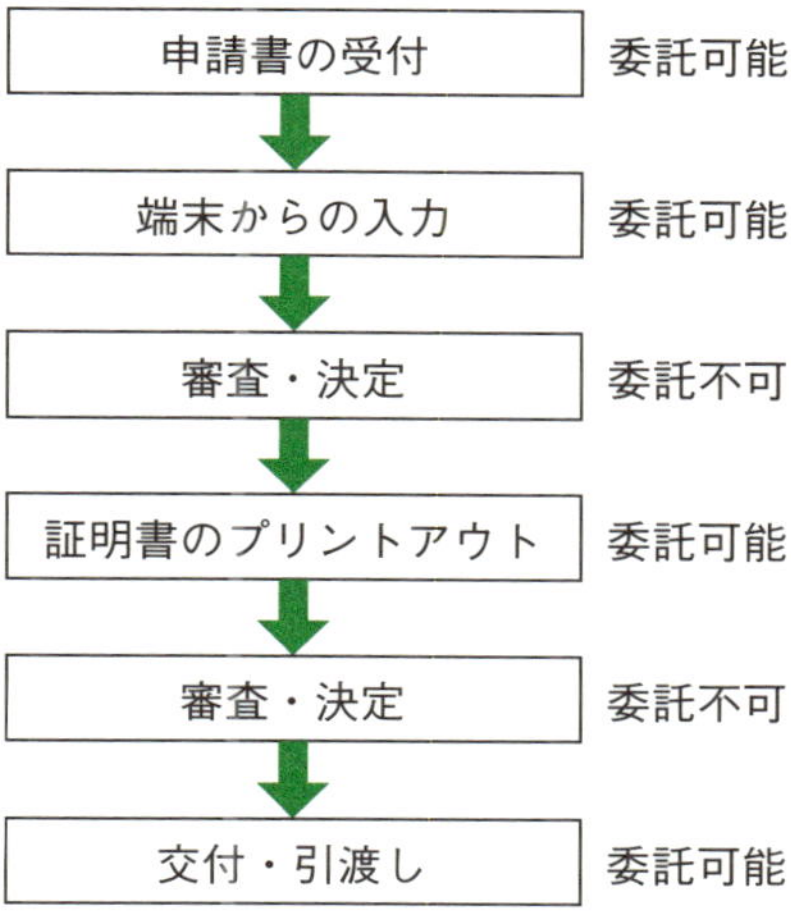

でした。この業務が「公権力の行使」に当たるというのです。

確かに私たちは集団で社会を構成しているので、これを維持するためには何らかの強制力が必要です。だから「公権力」が必要最小限で必要なことは理解できます。その強制力を統制するために民主主義があると言っても過言ではない。

しかし、証明書等の発行はそのような種類のものでしょうか。たとえば、銀行がさまざまな手続きで、「個人を証明する書類を見せてください」と言うのとどこが違うのか。しかも窓口業務の「審査・決定」とは、ただ流れてくる書類を確認する単純反復作業でしかないし、そのためだけに、常時、職員を置いているような役所は、現実に存在しないでしょう。

仮に、それでも「審査・決定」が「公権力の行使」だと言い張るのであれば、実は「公務員」以外が公権力の行使をする事例がたくさんあり、それと同じようにすればよいのです。

身近なところでは、自動車の運転免許試験の一部が指定自動車教習所に委ねられていたり、車検が指定工場に委ねられていたりしていますが、これらは**「公権力の行使」を一定の条件を持った「公務員」以外の人が行使している**事例です。こうした事例と同じように考えればよいのではないか。

PART 4

自治体財政の未来

ビルドからメンテナンスへ

財政

縮小社会の財政見通し

財政規律が破綻した国の財政

自治体の未来にとって、最大の不安は財政でしょう。人口減少が始まるこれから、果たして現在の事業や政策がこのまま続けていけるのかどうか。「地方消滅」といった過剰な不安に、もし根拠があるとしたらこのことでしょう。

まず、近年の財政状況を見ておきます。【図表4―1】は、ここ30年弱の国・自治体の債務残高と各年度に発行された国債や地方債の発行高の推移です。

棒グラフが債務残高の推移で、左目盛りです。緑の棒グラフが国の債務残高で、ほぼ一貫して右肩上がりです。最近では900兆円を優に超えている。グレーの棒グラフは自治体の債務残高で2000年頃までは増加していますが、それ以降はほぼ変化がありません。規模も国と比べれば小さくなっている。最近では2013年をピークに減少傾向にありま

図表4-1／国・自治体の債務残高の推移（決算ベース）

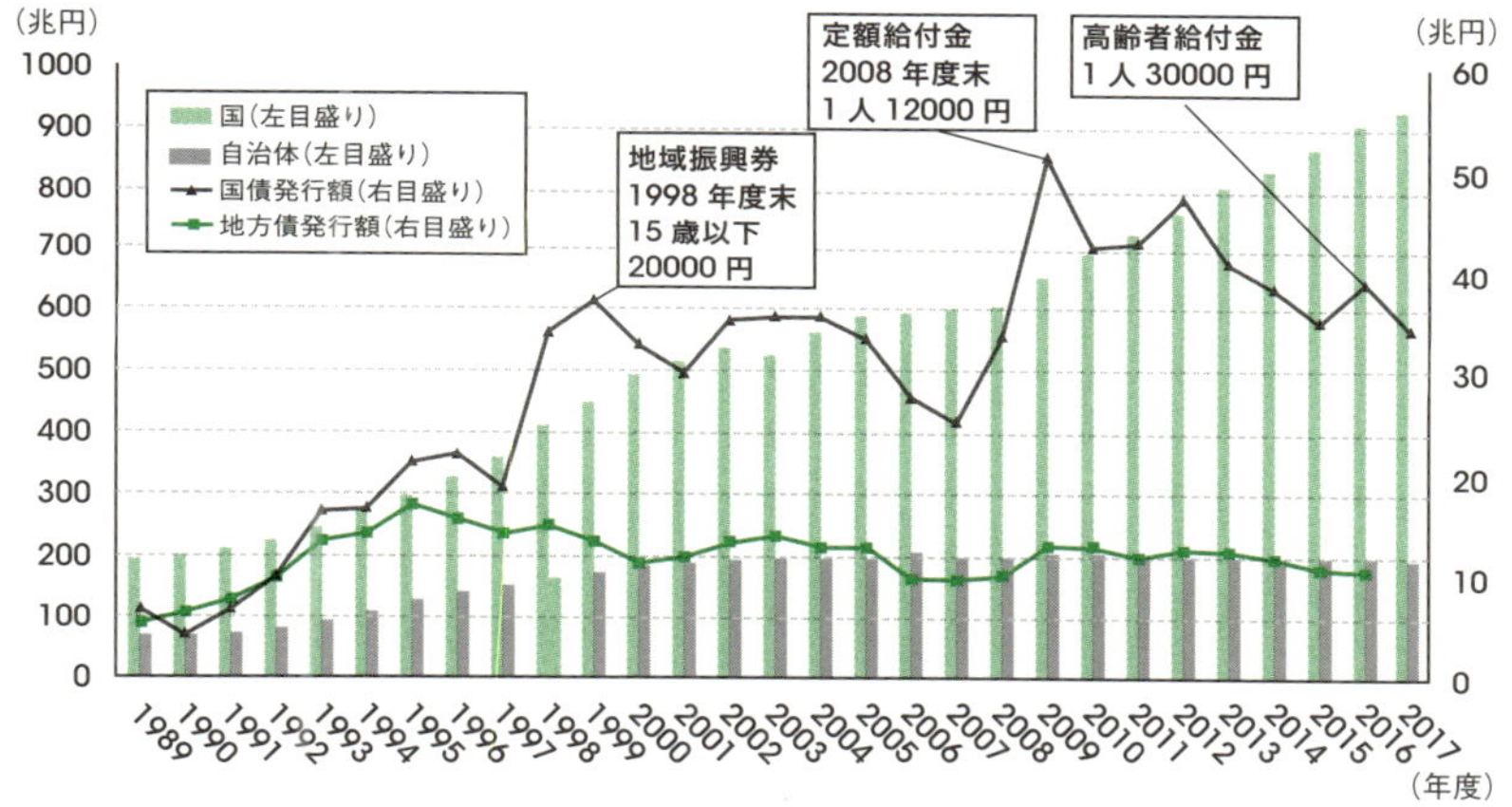

〔出所〕財務省、総務省の各資料から筆者作成

す。

債務残高は、毎年、新たに借金する金額と、借金を返済して償還する金額との差によって増減するものですから、**国は相変わらず新たな借金のほうが多く、自治体は借金を返済する額のほうが多い**ということです。

これを見て、国の政治家や財務省は「自治体の財政状況はいいのでもう少し国庫に差し出せ」と言っていますが、これはとんでもない言いがかりです。野放図に財政を拡大している国のほうが間違っています。

だからといって、自治体の財政状況がいいというわけではない。自治体の財政は国の財政と密接に結びついているので、国の財政の債務の上に成り立っているとも言えるからです。だから、国の財政を他人事のように見ることはできない。

政権の政策によって変動する借金

【図表4―1】の折れ線グラフは、国債と地方債の単年度発行額で右目盛りになります。黒の折れ線が国債の推移で、緑の折れ線が地方債の推移です。地方債の発行額はなだらかに下がっています。

問題は国債の発行額で、変動を繰り返しています。1999年度、2009年度、2012年度などが目立って増えている。たとえば1999年度は、自ら「借金王」と自虐した小渕内閣が編成した予算の結果です。同じように、2009年度は麻生内閣、2012年度は安倍内閣です。いずれも「経済対策」と称して積極的な財政を展開した内閣です。国債発行額が増えれば、当然、国の債務残高も積み上がります。つまり、**国債発行額や国の債務残高は、時の政権の政策運営方針に左右されている**のです。

しかし、いったん積み上がった債務を解消することはたいへん困難です。極端に財政規模を縮小するか、あるいはハイパーインフレで見かけ上の借金を減らすかという選択になりますが、いずれにしても多くの人々の生活を破綻させる。そこで、できることと言えば、破綻を先延ばしするくらいが精一杯のところです。ところが、ますます破綻を引き寄せて

図表4-2／自治体財政の目的別構成比の推移

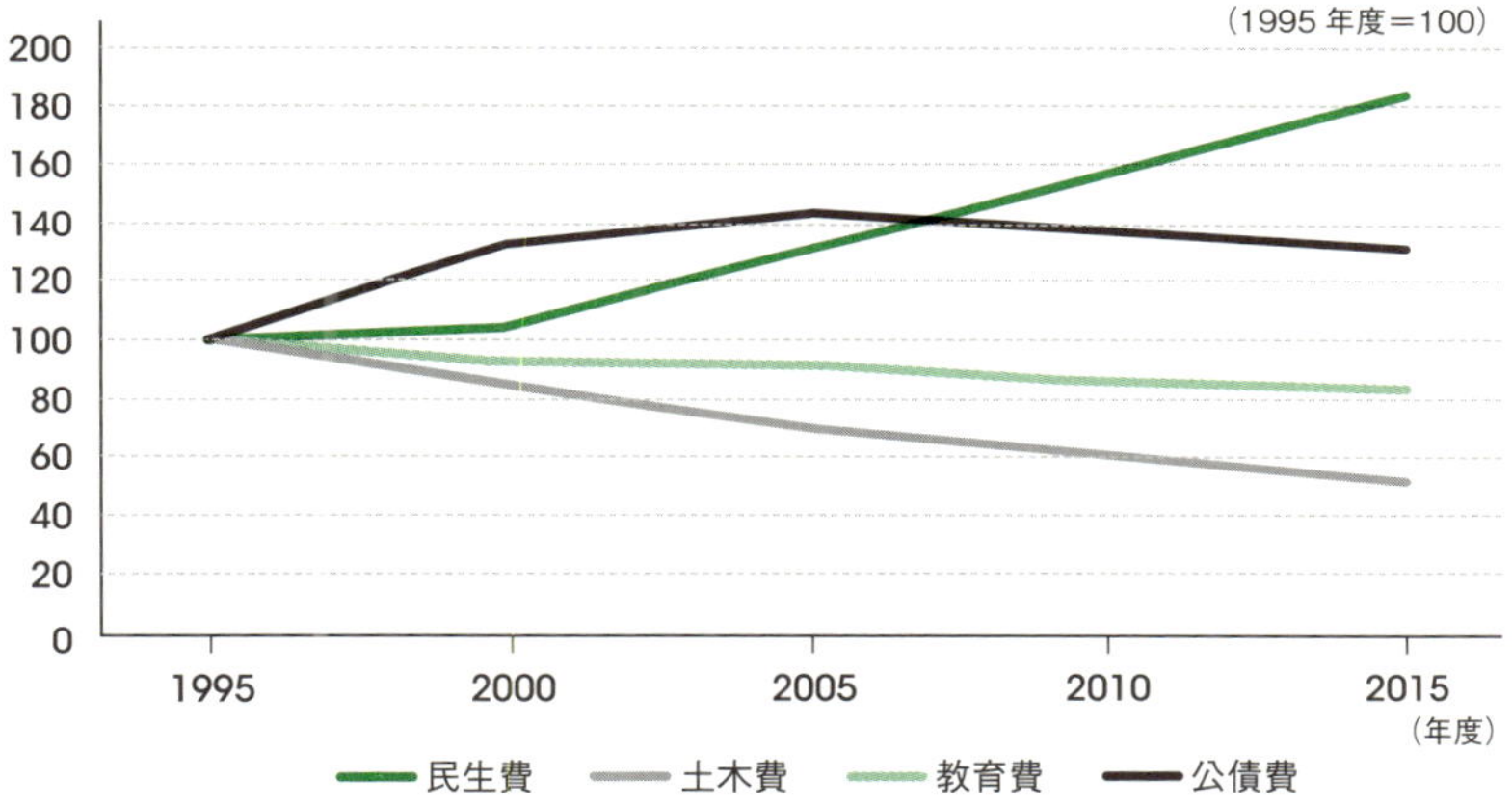

〔出所〕総務省『平成29年版地方財政白書』から筆者作成

いるのが現在の政策運営です。

たとえば、２０１２年度以降、国債発行額は減少している（２０１６年度を除く）。これは税収が上がっているため、少しずつ国債発行額を減らしていることを示しています。にもかかわらず、債務残高は増えているのです。税収が上がっている以上に国の財政規模が拡大しているからです。本来、税収が上がれば、それだけ債務残高を減らすのが筋なのですが、現在の財政運営はそうなっていない。

縮小社会を迎える自治体財政の未来

【図表４―２】は、自治体全体の決算の目的別構成比の推移で、１９９５年度を１００としたものです。この20年余りで、民生費が倍近く増え、土木費が半分近くまで減少しています。教育費は子どもの数が減ってきたことに伴って減少し、公債費は一定額で高止まりしています。

民生費はこれからも増えていくでしょうが、土木費は維持管理や更新が必要なので、下げ止まりか微増が予想されます。教育費も今後はそれほど減少しないでしょうし、公債費は既に発行してしまった地方債に規定されるので、おそらくこの規模を維持していくに違いない。したがって、**増えていく民生費をどの部分で補うか**というのが当面の財政政策（財務）になります。

ただし、地域ごとに状況は異なります。既に触れたように、高齢者数そのものはもうあまり増えない地域もありますし、少子化であっても保育園など子どもへの施策が増えるところもある。**それぞれの自治体で今後の推移を見ながら、できる限り債務を減らす政策を選択することが重要**です。

連携・補完

自治体を取り巻く3つのベクトル

自治体に連携・補完は必然

そもそも自治体は限られた地域に存在するものですが、自治体の領域を超えた社会問題は多数あります。

たとえ市民に最も近い政府としての市町村が、正面から地域社会や市民生活の諸課題と向き合わなくてはいけないとしても、市町村があらゆる社会的な課題に応えるとしたら、限りなく、国と同じような規模になるしかありません。しかし、それでは自治体であることの本質を欠くことになる。そこで、歴史の知恵は自治体を複層制にしてきました。

日本の地方自治制度は、市町村と都道府県という二層制のしくみになっています。市町村の枠を超える課題には都道府県が広域自治体として対応します。都道府県で対応できないときは国が対応しますし、近年では国単位で解決できない課題も多いので、国際機構が

図表4-3／自治体をめぐる連携・補完の方向性

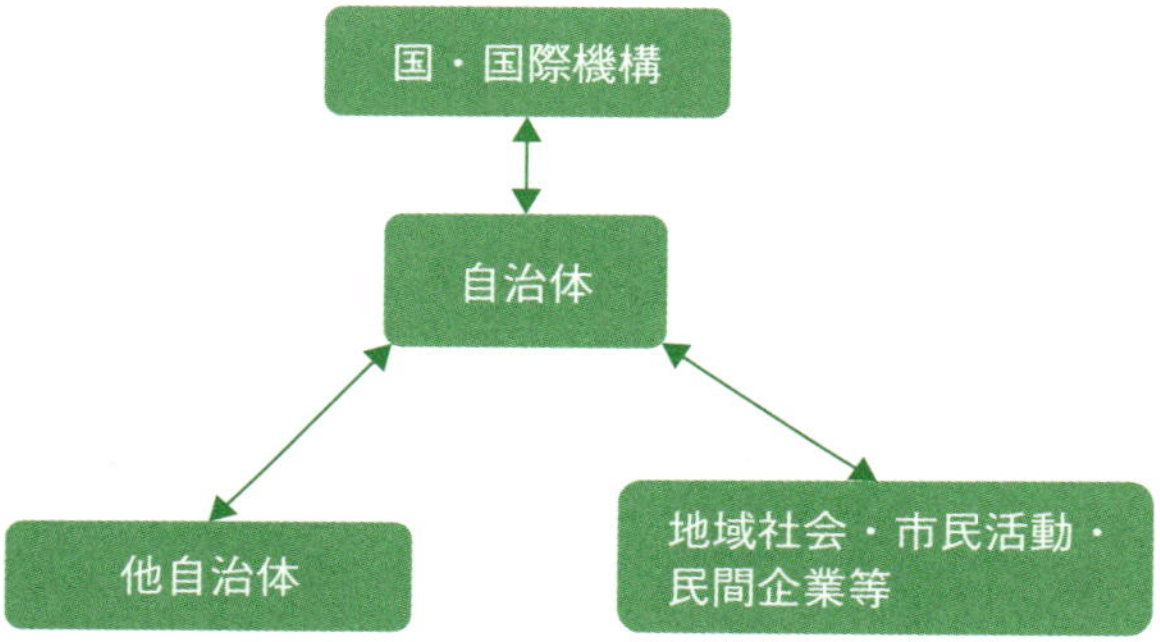

そのフォローをしています。

以上が基本の形ですが、**「市町村よりも広域だが都道府県ほどではない」とか、逆に「市町村を分割して対応したほうがいい」**という場合もある。こうして連携や補完という考え方が生まれます。縮小社会を迎えたから連携や補完が求められているわけではなく、領域が限られている自治体という政治・行政のしくみとして、連携や補完が求められるのは必然的です。

領域というのは、単に地域の区画のことだけではありません。たとえば、民間企業や市民活動に対して、行政の領域というものがある。逆に言うと、行政の領域だけでは地域課題に立ち向かえないので、企業セクターや市民セクターと分担しながら政策を遂行していくことになります。

以上のことを整理すると、自治体をめぐる連携・補完には3つの方向性があります【図表4―3】。国や国際機構へのベクトル、他自治体へのベクトル、地域社会・市民活動・民間企業等へのベクトルです。【図表4―3】の真ん中の「自治体」には、市町村も都道府県も含まれますので、もし市町村であれば都道府県が、都道府県であれば市町村がもう一つのベクトルになります。

都道府県と市町村との関係は、連携と言うよりは補完と呼ばれる。「連携」と言うと双務的で、「補完」と言うと片方が片方の補助をするということで片務的です。都道府県の機能の一つとして、補完は重要な要素です。

たとえば、町村域の生活保護業務は都道府県の補完業務とされ、都道府県が担っています。**市町村が多様な存在である以上、そのでこぼこを調整する意味で、都道府県の補完機能は必要不可欠**です。

自治体間
連携

上下関係を生む「統制」の要素に注意せよ！

新しい連携のしくみ

現在、制度化されている自治体間連携のしくみのうち、主なものは【図表4―4】のとおりです。「連携協約」「事務の代替執行」などは2014年に創設された新しいしくみです。地方独立行政法人を設立自治体以外の別の自治体が利用できるというのも2017年の新しいしくみです。一方、かつてあった地方開発事業団、役場事務組合、全部事務組合は2011年に廃止された（現存する事業団は存置）。

これらのしくみのうち、**最も活用されているのは「事務の委託」**で、たとえば住民票の写しを他の自治体に発行してもらうとか、公平委員会の事務を他の自治体に委託するなどの例が多いようです。

一般的になじみがあるのは「一部事務組合」と「広域連合」です。ごみ処理や火葬場など、

図表4-4／自治体間連携の主なしくみ

連携協約	
協議会	
機関等の共同設置	
事務の委託	
事務の代替執行	
法人	一部事務組合
	広域連合
定住自立圏・連携中枢都市圏	
地方独立行政法人の相互利用	

単独の自治体ではできない事業をいくつかの自治体が集まって処理する場合に利用されるのが一部事務組合です。広域連合は、介護保険制度や後期高齢者保険制度で活用されている。

近年、大きな災害が続いていますが、このような非常時には昔から地域間の応援が不可欠でした。たとえば、江戸時代の1707年に起きた富士山の噴火（宝永噴火）の際には、全国に復興税（諸国高役金）が付加され、また岡山藩、越前大野藩などが被災地である小田原藩の河川改修に動員された。

藩単位の課税しかない時代に全国規模で上乗せ課税をしたこと自体は画期的でしたが、徴収額のうち3割強が復興に充てられ、残りは江戸城の造営に流用されたというところまで現代の事例に似ているような気がします（水本邦彦『村――百姓たちの近世』岩波新書、2015年）。

連携が「中心」と「周辺」を生み出す？

このところ国は、自治体間連携のしくみを次々と法制化しています。しかし、実際にはほとんど利用されていない。さまざまな意味で、自治体同士が連携するということは当然ですし、必然的でもありますが、国が用意する近年の法や制度には、どことなく危険な意図が感じられます。

たとえば、定住自立圏や連携中枢都市圏という制度があります。定住自立圏制度では、人口約５万人以上などの条件を満たした市が「私が中心です」と宣言すると、８５００万円程度の特別交付税がつき、中心市と協定を締結した近隣市町村には１５００万円程度の特別交付税がつく。中心市と近隣市町村との関係は「中心―周辺」関係になります。

しかし「中心―周辺」という関係は、果たして連携と言えるでしょうか。**連携という概念に含まれた水平でニュートラルな関係という感じはしない。**実際に定住自立圏に取り組んでいる自治体の話を聞くと、「お金が来るならやってもいい」という感覚です。周辺市町村のほうが積極的で、中心市になるべき市が消極的という声も聞きます。**中心市になって周りから「依存」されても困る**、ということでしょうか。

そもそも、このように**片務的な連携は、お互いに独立しているはずのそれぞれの自治体の意思決定、つまり住民の意思というものがないがしろにされるリスクがある。**あたかも国に「強いられた連携」のようです。連携・補完という言葉は美しいですが、その中には上下関係を生み出す「統制」という要素が入り込んでいないか、注意する必要があります。

ふるさと納税

可能性・工夫の余地はまだまだある！

増加するふるさと納税

ふるさと納税も、自治体間における連携・補完の一つです。納税という名称がついていますが、正確には寄附です。総務省によれば、その目的は次のように説明されています。

①寄附先を選択することによって、納税者の税に対する意識が高まること
②生まれ故郷や応援したい地域を支援できること
③寄附先として選んでもらうための努力を自治体に促し、地域のあり方をあらためて考えるきっかけになること

【図表4―5】のように、特に最近はふるさと納税の総額が増えています。2011年に少し多くなっているのは、東日本大震災に関連する寄附が多くなったためです。最近の

図表4-5／ふるさと納税の推移

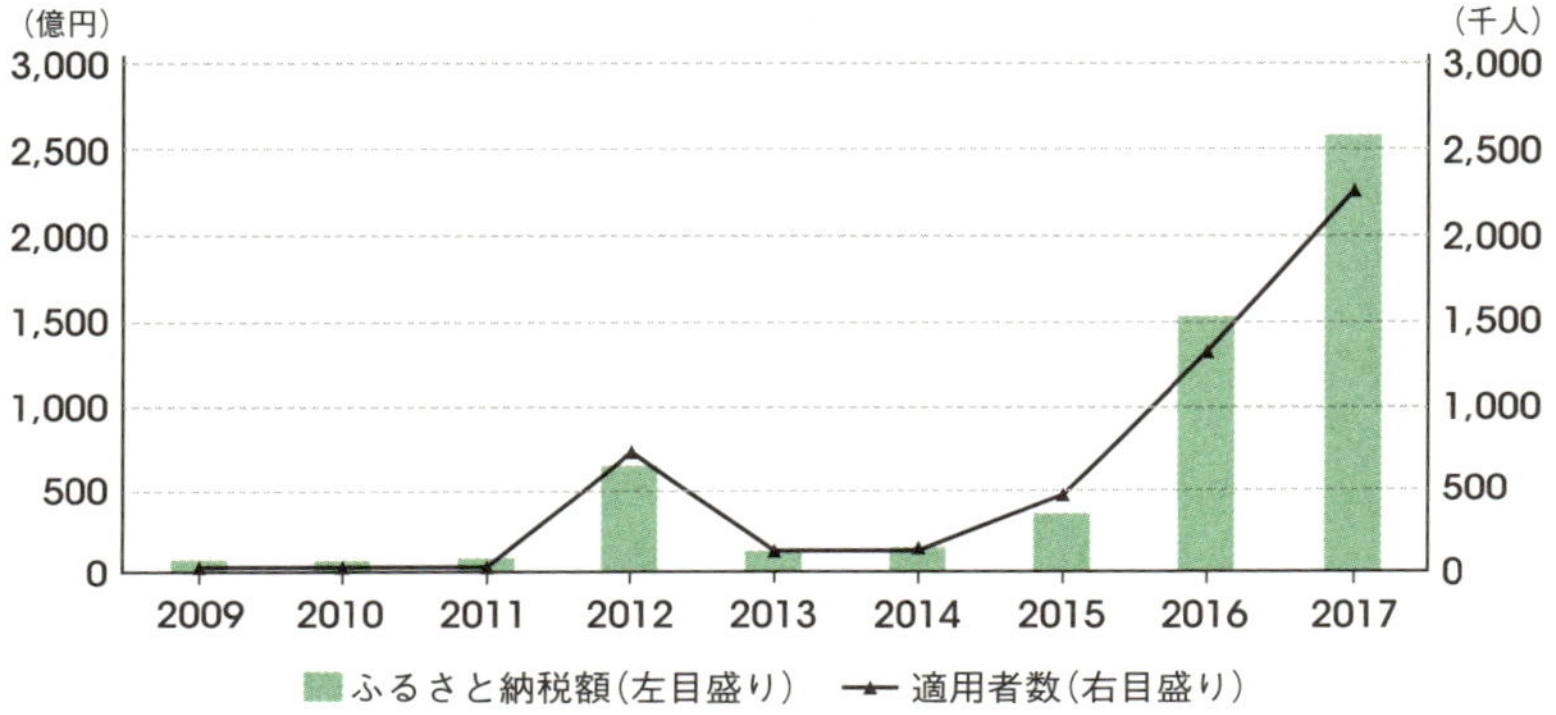

〔出所〕総務省「ふるさと納税に関する現況調査結果」（2017年7月）から筆者作成

増加は、寄附先からの返礼品を期待する人たちが多くなったためでしょう。寄附額から2千円を除き、残りの金額が所得税や住民税から控除されるためで、結果的に2千円以上の価値のある返礼品がもらえれば、得をした気持ちになるからです。

ふるさと納税の活用法

　ふるさと納税に対しては、批判もあります。税財政の研究者たちの間では、**「税の主旨を逸脱している」との批判が強い**ようです。また、多くの寄附者が居住する大都市部の自治体にとっては、本来、入るべき税収が少なくなるのでおもしろくないかもしれない。

　ただし、**ほとんどの場合、寄附者の居住する自治体には地方交付税で一定の補填があるので、大きな**

損失にはなりません。東京23区だけは、個別の区に地方交付税で補填されるしくみにはなっていないので、たいへんだという声もあります。でも、もし本当にそう感じるのであれば、東京23区内であがる豊富な税収を、都や23区の仲間内だけで山分けするような都区財政調整制度から抜け出すのが先です。

納税者が使途を指定できる税という意味では、似たようなシステムを持つ自治体がありますす（市民参加型まちづくり1％システム）。住民税の1％を原資として、自分が応援したい市民活動などへ税を回すしくみです。弘前市（青森県）など、現在でも継続的に取り組んでいる市町村があります。

これは、「市民活動もまた公共的で社会的なサービスを提供している」ということを前提とし、**納税者の意思に基づいて税の一部をそのような活動に回して市民活動を支援しつつ、行政のあり方を見直す**という発想です。

市民活動を支援するという選択肢を含めて、ふるさと納税を進めている自治体もあります。たとえば、神戸市（兵庫県）です（神戸市パートナーシップ活動推進寄附金）。直接、私たちが市民活動に寄附する場合、たとえその市民活動が税控除の対象として認定された団体であっても、寄附に伴う税の控除額はそれほど多くはありません。ところが、ふるさと納税を経由して市民活動に寄附すると、税控除がふるさと納税並みになるので、寄附した側にとっては寄附の実額が増えます。

一方、ふるさと納税の返礼品が高額になることについては、国も問題意識を持っていて、自治体に対して自粛を求めています。返礼品の生産を通じて地域経済を回すのであればまだしも、たまたまその町に工場があるからといって、東京に本社のあるような企業の製品を返礼品にするのは、確かにあまり知恵のある話とは思えない。いずれにしても、神戸市の事例のように、ふるさと納税の可能性や工夫の余地はまだあると思われますので、自治体としても工夫を重ねて活用したいものです。

PART 5

自治体の未来構想

行政から政治へ

政策立案

政策は、未来を予測することから始まる！

政策案は複数ある

政策とは将来を予測し、そこで起こるだろう課題について、あらかじめ対策を講じておくことです【図表5—1】。

これに対して、起きてしまったことに対して行動するのは事故対応です。もちろん、事故対応もできないようでは困りますが、緊急時の事故対応が的確にできるかどうかも、そのことを予測していたかどうかにかかっています。

完全に将来を予測することはできない。したがって、将来予測を前提とする政策には、必ず複数のシナリオがあります。複数の政策案のうちどれを採用するかは、科学的知見という情報を前提として政治的に決定される。この決定過程の中には当事者や市民の意見が反映されなくてはなりません。

図表5-1／将来を予測して行動するのが政策

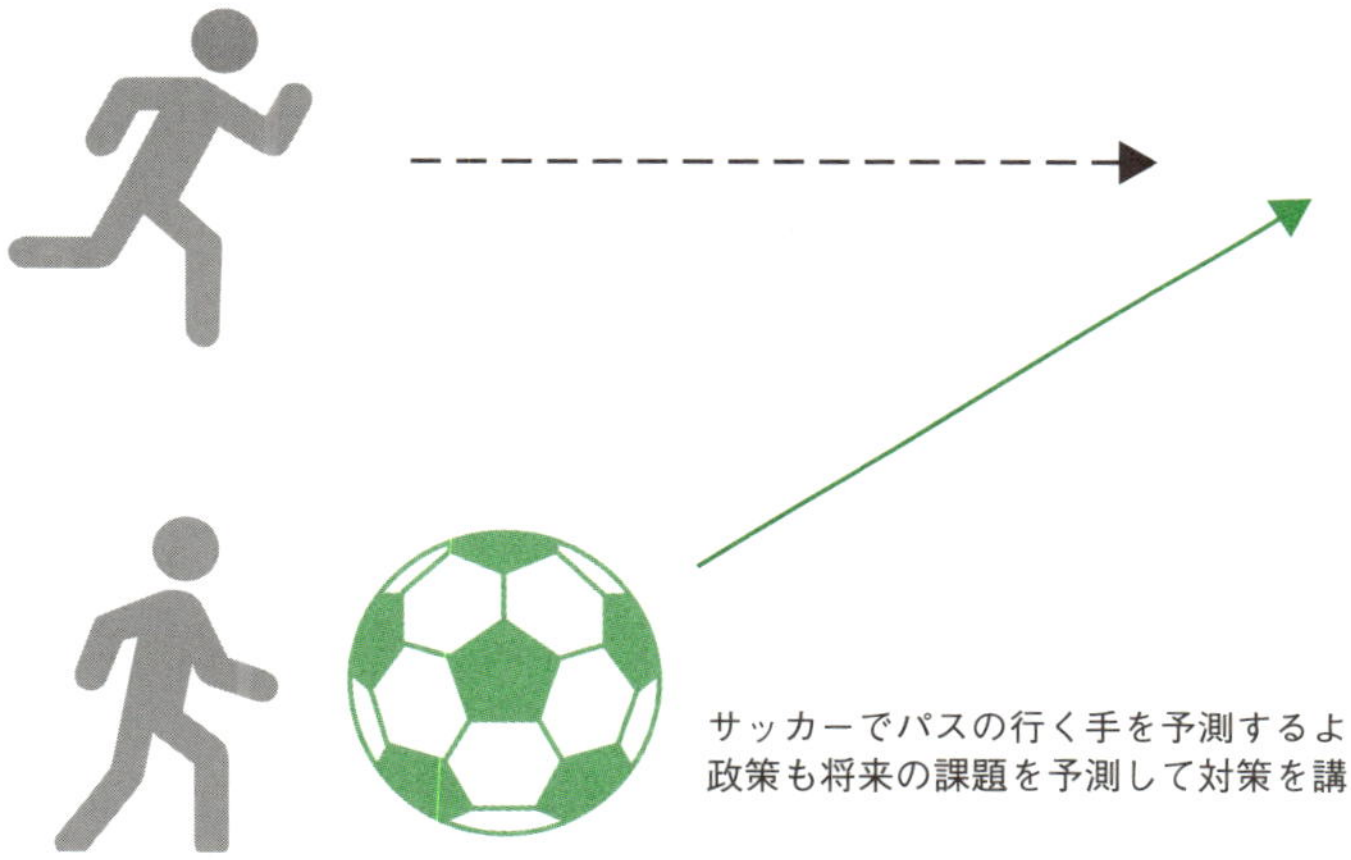

サッカーでパスの行く手を予測するように、
政策も将来の課題を予測して対策を講じる

一般的に、行政はその使命観からか、行政内部で政策案を一つに絞り込んだ上で市民に提示します。だから市民への「説明会」は常に紛糾する。あたかも「これしかない」という案が押しつけられるかのようだからです。

かといって、行政が白紙で臨めば、「何を考えているんだ」と批判を受けます。そもそも、情報は行政内部にいちばん蓄積されています。データを整理して論点を提起しなければ、行政への市民参加は始まらない。

将来を予測して起こるだろう問題を提起し、政策課題に乗せることは行政の重要な使命ですし、場合によってはその対処法を提示することも求められるかもしれない。しかし、**どのような政策も未確定な将来を前提とする以上、完璧なものは存在せず、行政が一つの案に固執すれば、必ず反論や反発が起こ**

ります。

つまり、最初に行政が提示するのは政策情報の整理と論点提起であり、仮に求められたとしても複数の政策案です。その後、市民との議論の過程で一つに絞られます。ただし、**絞られた一つの政策も相対的にベターな政策に過ぎず、事態が進行するにしたがって、随時、修正される。**絶対無謬の政策はないし、行政もないのです。なぜなら、もともと政策は将来を予測して立案されているからです。誰も将来のことを正確に予測できる人はいないので、絶対無謬の政策はあり得ない。

問題があるから解決する

政策とは問題解決の技法ですから、まず問題を予測する（起こる可能性がある）ことが政策の源です。「そんなの当たり前ではないか」と思われるかもしれませんが、身の回りを見ると、そうではないことが多々起きています。

というより、むしろ自治体行政のルーティンは「法律があるからやる」「補助金があるからやる」「国からの通知が出たからやる」といったものがほとんどを占めています。もちろんそういう仕事も重要ですが、そこに裁量の余地がないとしたら、それを自治体の政策とは呼べない。つまり、**目の前に課題があり（問題が起こる可能性があり）、その課題を解決するにあたって自己決定ができてこその自治体政策**です。

たとえば、ほとんどの自治体が「地域活性化」や「中心市街地活性化」について取り組んでいますが、その場合でもまず問題はどこにあるかという点から突き詰めないと、政策課題としては成り立ちません。

問題の所在があいまいであればあるほど、解決も不可能ということになります。「あったらいいな」「なんとなく寂しい」「成功事例がある」といった程度の課題認識では、「地域活性化」も「中心市街地活性化」も成功するはずがない。

そういう観点から見直すと、現在の自治体行政の中には無駄なことが多いのではないでしょうか。問題を突き詰める前に自治体が「余計なこと」に手を出すのは、「法律があるから」「補助金があるから」「国からの通知が出たから」といったことです。

もちろん法律は守るべきでしょうが、**「することもできる」とか「努めるものとする」と言われていることを、あたかも義務のように受け止めるべきではありません。**国の通知文書には必ず「これは技術的助言である」と言い訳のように書いてある。この文言を文字通りに受け止め、それぞれの自治体としての判断が下せるような環境にないと自治は得られないのです。

議員のなり手不足をどう解消するか？

自治体議会の危機

自治体が単なる行政組織ではなく、政治・行政機構として、自治を体現するには、自治体の政治を代表するはずの自治体議会がしっかり機能しなければならない。ところが、現在は、自治体議会に対する危機感が生まれています。

象徴的なのは、**議会議員選挙での投票率の低下**です。【図表5－2】は、統一地方選挙の投票率の推移です。多少の変動はありますが、傾向としては右肩下がりであることが歴然で、ついに5割を切った。戦後直後を除くと、一般的には首長選挙より投票率が高かったのですが、近年では首長選挙を下回ることも少なくありません。

ただし、国政選挙も首長選挙もなだらかに低下しているので、投票率低下は自治体議会議員選挙だけの問題ではない。これは政治全般についての危機です。

図表5-2／統一地方選挙投票率の推移

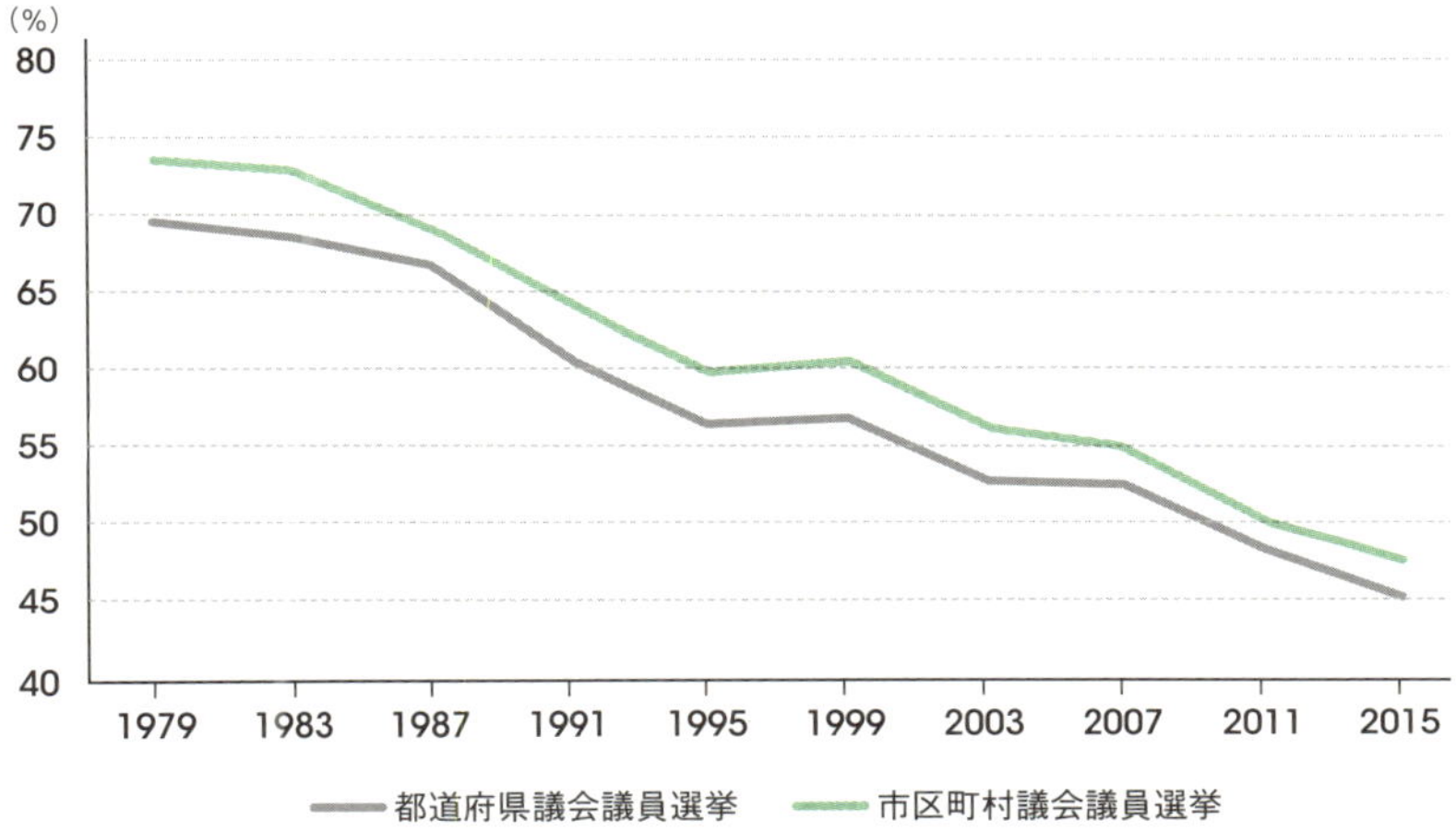

〔出所〕総務省選挙部『目で見る投票率』2017年1月から筆者作成

第二の危機的現象は、**議員のなり手が見つからない**ということです。

議員定数と立候補者が同数になり、無投票で当選者が決まる無風選挙が問題になっています。中には議員定数までも立候補者が出ず、最初から欠員状態の議会もちらほら出てきた。**市民にとって見れば、議員を信認する機会さえ与えられないということ**です。

もっとも無投票当選者数の割合が増えてきたのは1980年代からなので、必ずしも新しい話ではない。【図表5―3】は、統一地方選挙の無投票当選者数を改選定数で割ったものの推移ですが、かなりの上下動がありながら、高止まり傾向を示しています。

ただし、細かく見ていくと、指定都市や市の議会議員選挙では無投票が少ない。それに対し

図表5-3／統一地方選挙の改選定数に占める無投票当選者数の割合の推移

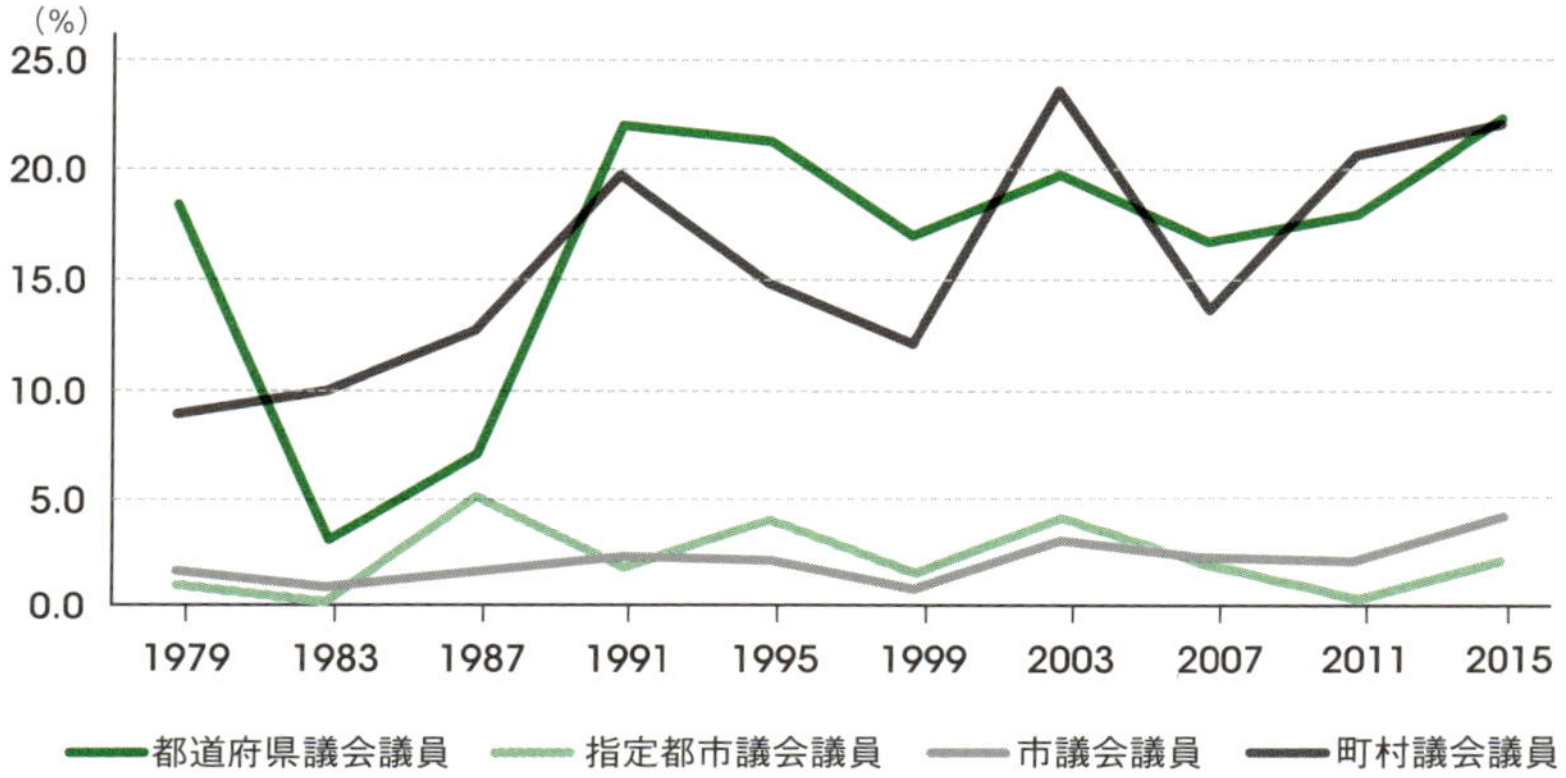

〔出所〕総務省「地方選挙結果調」各年版から筆者作成

て県や町村の議会議員選挙の無投票当選者率は高くなっています。ここから推察すると、単純に小規模自治体だから無投票が多いとは言い切れない。

県議会で無投票が起こりやすいのは郡部の選挙区で、議員定数1の小選挙区制です。都市部の県議会議員選挙では議員定数が複数になり、国政政党を中心とした政党選挙になるので、あまり無投票ということは起こりません。

それに対して、町村議会では、合併後の経過措置として選挙区制度が導入される場合を除いて、ほとんどは選挙区が一つの大選挙区制です。立候補者の多くは無所属として個々人で選挙を戦うことになり、政党主体の組織選挙はあまり見られない。

片方は小選挙区制で、片方は大選挙区制ですから、選挙区制度が原因で無投票になっているというわけでもありません。投票率が低下しているのも、無投

図表5-4／浦幌町議会の提言（骨子）

1	議員の職責を地方自治法で明確にすること
2	被選挙権を18歳以上にすること
3	欠員選挙を国政選挙と同時にできるようにすること
4	町村議会の選挙公営を拡大すること
5	再選挙制度を見直すこと
6	議員への手当支給を拡大すること
7	議員の厚生年金加入と退職金支給を検討すること
8	企業に議会議員チャレンジ奨励金を支給すること
9	議会活動のための休職、変則勤務等の環境整備を図ること
10	若者・女性議員のなり手のために法的・基盤整備を図ること

〔出所〕浦幌町議会「地方議会議員のなり手不足を解消するための環境整備を求める意見書」（2017年3月15日）から筆者作成

票当選者が発生するのも、実は原因がよくわからないのです。

北海道・浦幌町議会の提言

北海道の浦幌町議会では、議会活性化に向けた取り組みの一環として、議員のなり手不足について研究し、「議員のなり手不足検証報告書」をまとめました。その後、それをもとに「地方議会議員のなり手不足を解消するための環境整備を求める意見書」を２０１７年３月に決議している。

その骨子は【図表５―４】のとおりです。勤労者や女性の議員のなり手を増やしたいという思いがにじみ出ています。

現在、議員のなり手不足については、大きく言って次の三つの対策が考えられています。

①誰もが議会活動ができるような環境整備
②議会制度の改革
③選挙制度の見直し

誰もが議会活動ができる環境整備

現在の自治体議会の活動のほとんどは平日の昼間です。その頻度も決して少なくない。この時間に出席できるとすれば、まず普通のサラリーマン（会社などで雇用されている人）では無理です。

議会活動ができるのは、自分で仕事の時間の都合をつけられる自営業の経営者か、農業などに従事している人に限られます。あるいは、既に仕事をリタイアして悠々自適の生活をしているか、資産家で不動産収入のある人なら議会活動ができるかもしれない。議員のなり手が少ないというよりもむしろ、そもそも議員になれる人が限られているのです。

そこで、サラリーマンでも議会活動ができるように、休職やその後の雇用保障などの制度をつくるという提案が生まれます。また、議会活動に従事している間の報酬についても、少なくとも生活をしていけるだけの金額が必要であり、年金や退職金制度も必要ではないかという意見もあります。

議会制度の改革提案

総務省は「町村議会のあり方に関する研究会」を置いて、2018年3月に報告書を出しました。ここでは現在の議会制度に加えて、二つの議会のあり方が提案されている。一つは**「集中専門型」**で、もう一つは**「多数参画型」**と呼ばれます。前者は専業議員による議会で、後者は非専業議員による議会です。つまり議員を職業として考えるか否かで分かれるようです。

「集中専門型」は、少数の議員で構成され、その議員には生活給を保障する水準の議員報酬が給付される。ただし、それでは住民の多様な意向が反映されにくいと考えられたためか、「議会参画員」という制度の活用が期待されています。「議会参画員」とは、あたかも「裁判員制度」のように、無作為で市民が選ばれて、議会の議論に参加するしくみです。

一方、「多数参画型」議会は、議員そのものを多数とする代わりに、報酬も少ない。通年会期制などを活用して、議会活動は夜間・休日が中心となります。また併せて、現在、地方自治法で定められている「請負禁止」（当該自治体から業務等を請け負う法人の役員等になれないしくみ）や、契約・財産等に関する議決事件を除外することなどが提案されています。

これらの提案には、全国町村議会議長会など関係者や研究者などから批判が相次いでいます。確かに、いかにも「思いつき」の提案のように見えます。

選挙制度の改革提案

自治体選挙制度の改革提案として、有識者の間では連記制を導入したらどうかという意見があります。連記制というのは、一つの選挙の投票用紙に複数の候補者の名前を書くことです。

欧米でよく見られるのは、議員定数と同じだけ投票するというしくみです。【図表5―5】はドイツの自治体選挙の投票用紙の見本です。×印が投票先です。この例では15の×がついているので、一人の有権者が15票を持っているということになる。日本とはかなり違いますね。これをある候補者には3票（三つの×が並んでいる）、ある候補者には1票や2票というふうに分けながら入れているのです。

日本では多くの場合、選挙が終わってから議会の会派がつくられるのですが、こうする

図表5-5／ドイツの自治体議会議員選挙の投票用紙見本

1 A - Partei	A ○		
101 Kunze, Dieter			
102 Louisse, Claude	X		
103 Wölfel, Brigitte			
104 Müller, Ellen	X	X	X
105 Klein, Karl-Heinz			
106 Algari, Fabio			
107 Neu, Rolf			
108 Lorenz, Peter			
109 Junak, Hans			
110 Baggio, Roberto			
111 Bender, Stephan			
112 Kappes, Günter			
113 Bongen, Hanno			
114 Seipelt, Helga			
115 Engel, Heidi	X	X	X

2 B - Partei	B ○		
201 Fischer, Barbara			
202 Kunze, Karl			
203 Faul, Angelika			
204 Schmitz, Paula			
205 Schulze, Konrad			
206 Knops, Anton			
207 Andrikaki, Sofia			
208 Krause, Hermann			
209 Spruijt, Coby			
210 Leven, Gerhard	X	X	X
211 Elmpt, Bruno			
212 Lehmann, Silvia			
213 Funk, Brigitte			
214 Knöss, Bernhard			
215 Schwing, Gudrun			

3 Wählergruppe C	C ○		
301 Bremes, Peter			
302 Pütz, Margret			
303 Flach, Hubert	X		
304 Poensgen, Gerd			
305 Schmidt, Wilhelm			
306 Crespi, Pons	X	X	
307 Dahmen, Walter			
308 Heck, Walter			
309 Bruns, Christel	X		
310 Matzke, Franz			
311 Meyer, Heinz	X		
312 Spengler, Helmut			
313 van Heuvel, Erna			
314 Haas, Dirk			
315 Kraus, Karl			

7 Stimmen für die A-Partei　3 Stimmen für die B-Partei　5 Stimmen für die Wählergruppe C

〔出所〕https://wahlen.hessen.de/kommunen/kommunalwahlen-2016/wahlsystem

と選挙の前から議員のグループ化が進むと言われている。**有権者にとっては投票の判断要素が増えるのと同時に、バランスに配慮した投票も可能になります。**あるいは、「こいつだけは議員にしたくない」という「マイナス投票」的な使い方もできないではありません。

まちづくりと議会をつなぐ

「なれない」のではなく「ならない」

現在、議論されている議会改革について整理してきましたが、いずれも物足りません。これで投票率が上がったり、議員のなり手が増えるとはあまり思えない。どうしても「小手先感」が拭えません。もう少し根本的な問題があるのではないか。

つまりこれらの対策は、「関心はあるけど投票できない」とか、「議員になりたいけどなれない」という人たちがいるとして、そういう人たちに対する対策になっています。ところが現実は、「そもそも関心がない」とか、「そもそもなるつもりがない」という人たちが多数なのです。「なれない」のではなく「ならない」のです。

言い換えると、自治体の議会や議員には魅力がないということです。だから有権者教育などの啓発活動を繰り返しても、投票率は上がらないし、多少、処遇を改善しても立候補者は増えない。もう少し大きく言うと、**自治体の議会や議員だけではなく、自治体の政治全般に魅力がない**ということなのかもしれません。

一方、現在の若年世代の中には、地域社会やまちづくりに強い関心を持つ人たちが存在します。田園回帰現象で見た【図表1―6】もその一つです。**まちづくりに取り組もうとする人たちは、どの地域にもある程度いるにもかかわらず、議員になって自治体の政治に関わろうと考える人たちは少ない。**このギャップにこそ問題の所在があり、同時に解決策があるかもしれません。

「村の寄り合い」との違い

ギャップの第一は、まちづくりの課題と議会で議論されている課題がリンクしていないということです。議会の原型は「村の寄り合い」ですが、そこではまさにこの村をどうしていくのか、そのために誰と誰が動くのか、その費用はどのようにして集めるのかといったことが議論された。

もちろん封建社会ですから、そこに参加するのは主として戸主である男性高齢者層なので、今の視点から見たら民主的とは到底言えませんが、地域にとって切実な課題が議論さ

図表5-6／自治体議会基本条例の制定状況の推移

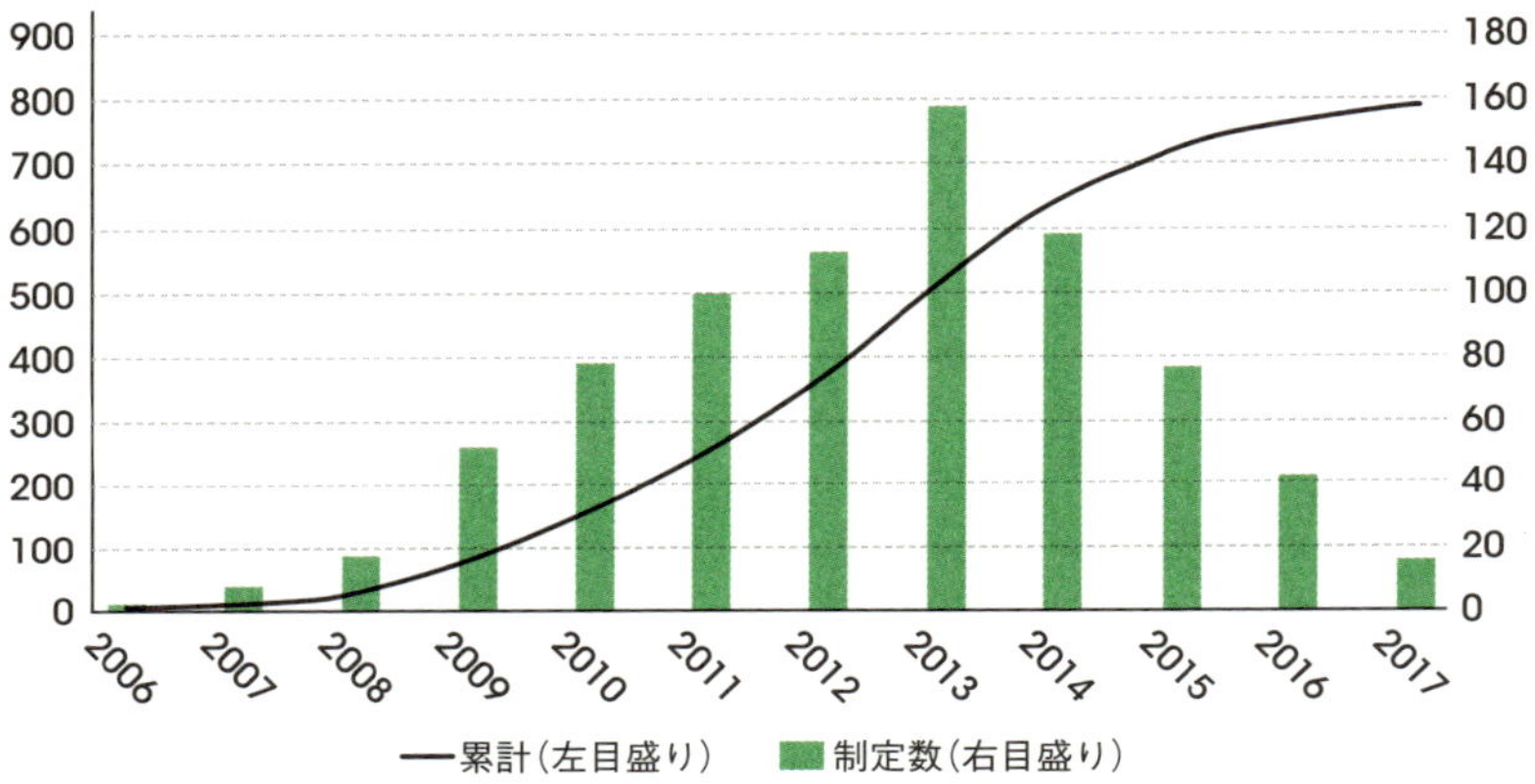

〔注〕2017年は3月時点
〔出所〕自治体議会改革フォーラム調査から筆者作成
http://www.gikai-kaikaku.net/gikaikaikaku_info.html

れ、しかもその場に加わることが、すなわちまちづくりの第一歩でもあったのです。

現在の自治体議会では何が議論されているのか。そのほとんどすべてが、市町村長・知事、すなわち役所という行政から提案されたことです。条例もそうです。ほとんどの場合、これらの議案は議会の多数派の会派と事前に調整されていますので、表面的に見ると、議会は追認機関になっている。

議会側も手をこまねいているわけではなく、多くの議会が議会基本条例を策定し、議会報告会や請願・陳情者の意見陳述など、議会への市民参加を進めています【図表5―6】。しかし、現代社会においては、行政のほうに情報も資源も集まる。これに対して、議会や議員に政策立案能力の向上を求めても、現状では限界があります。

魅力を損なう要因とは

第二のギャップはさらに深刻です。こうして行政から提案される内容そのものが、地域社会の課題から練り上げられたものではないということです。**行政から提案される大多数の議案が、国法の改正に伴うものになっている。**たとえば国民健康保険条例の改正などです。残りの議案も行政の事情に基づくものです。たとえば指定管理者の指定などです。

確かに予算はそれぞれの自治体の行政で練り上げられている。ただし予算の大部分は、たとえば学校の運営など、ナショナル・ミニマムと呼ばれる国家政策としての執行です。政策的な裁量の余地があるものも、ほとんどは国の補助金が絡み、これを踏まえて作成された予算を、議会で簡単に修正できるものではない。

つまり**議会での論議はまちづくりの課題から二重に疎外されている**ということです。まず役所という行政のフィルターにかけられ、さらにその行政も国法や国の政策というフィルターがかかっているということです。こうして、地域のまちづくりと自治体の議会での論議が縁遠くなり、自治体政治の魅力が損なわれている。

「政治」への忌避感

第三のギャップは社会意識とも絡むので、さらに困難なテーマですが、「政治」への忌避感が蔓延していることに求められます。自治体政治にとどまらず、小さな単位から大きな単位に至るまで、ものごとを「決める」という合意形成プロセスとしての「政治」に嫌気が指されているのかもしれない。なぜならそこには「摩擦」や「手続きの面倒くささ」が伴うからです。

私たちは社会という集団で生きていかざるを得ませんが、集団で生きていく際には、「摩擦」がつきものです。一方、なるべく「摩擦」を少なくしたいと考えるのは自然なことです。その点で、ＳＮＳに象徴されるようなコミュニケーションツールが普及しやすい環境にある。「忖度」と呼ばれる現象もその一環でしょう。

相互の「摩擦」が決定的段階に至ったとき、ＳＮＳにおけるコミュニケーションでは、関係を断ち切るという最終手段が取り得ます。ただし、逆に考えると、「摩擦」が少ないまま「政治」プロセスが進行すると、相互の不理解が放置され、かえって安易に決定的段階まで行き着く可能性が高くなるかもしれない。ネット上で飛び交う罵詈雑言の類には、そのような背景があると思います。

いずれにしても、特に若年世代を中心に、「摩擦」の要因となるような「批判」や「批判する人」に対し、嫌悪感を持つ人が多くなっています。たとえば、若年世代ほど与党を支持するという世代別の政党支持率の差異からも、このことが想像できる。

規模、争点、自治権、情報、親密性がポイント

ではどうすればいいのか。すべてを完璧に解決する方法は思いつきませんが、とりあえずできることは、**地域のまちづくりと自治体の議会とをつなぐ**ことです。当たり前のことですが、自分たちに身近な問題で（自分たちの生活を左右する問題で）、しかも自分たちで何事かを決定できるのであれば、多くの人たちが関心を持つ。むしろ持たざるを得ない。

一般論で言うと、小規模な自治体であればあるほど投票率が高くなる傾向があります。これは地域社会の縛り（＝絆）がきついというマイナス要素がそうさせるのですが、立候補者の人柄や考え方を、有権者の多くが熟知しているから、という側面もあります。少なくとも、顔も見たことがないという人が立候補するということはあまりない。だから、市町村合併などで大規模化、広域化すると投票率は下がる。

もう一つ、自治体の規模にかかわらず投票率が上がるケースは、選挙の争点が明瞭になっているときです。しかもその争点はどちらかが一方的に強いのではなく、どちらに転んでもおかしくない程度に拮抗している場合です。決して選挙管理委員会のキャンペーンやコマーシャルが上手だと投票率が上がるというわけではない。

自分たちで結論を出せば、そのとおり決定できる争点であることもポイントです。あるいは、最終的な決定権がなくても、地域が一致して意思を表明することが大事だと多くの人が思えば投票率は高くなるはずです。当然、こういうときには立候補者も多くなります。

「分ける」という発想

どうやったらそういう状況に持っていけるのか。根本的には地方自治制度を再構築することが必要になりますが、まず現在でもできることから考えてみましょう。

自治体の政治にとって「規模」は大きな要素です。一律に線を引くわけにはいきませんが、地方自治にとって、「大きすぎる」「広すぎる」はデメリットになる。自治体の規模を調整することは現行の地方自治法でも可能です(第7条)。ただ、実現しようとしても確かにハードルは高い。

そこで、**現況のままの規模を前提とすれば、分けるという発想が必要になります。**たとえば、選挙区を分けるということはそれほど難しいことではない。公職選挙法に明示されています（第15条6項）。ただし指定都市の選挙区は法定化されているので、法改正をしないと変えられません（逆手にとって、行政区そのものを分けてしまえば、不可能ではない）。

一方、職域や階層を束ねたグループの場合、広域化された選挙区のほうが当選確率を高めることができます。そこで、議会議員の多様性を一定程度確保するためには、どこかに比例的な要素も残さなくてはならない。すると、やはり連記制の導入が望ましいかもしれません。

議会を分けるという発想もあります。現行制度と辻褄を合わせるためには、地域単位で特別委員会を置くなどの方法があり得るでしょう。もちろんそうなれば、役所という行政組織も、権限とともに分けなくては対応できない。議会だけ分けても実効性が伴わないからです。

市民参加の制度化としての議会

もう少し本質的なところから地方自治制度の再構築を考えてみましょう。自分たちで決定できることを議論するという点です。

本来、議会は市民参加の制度化です。もしそうであれば、議会の会議は議員同士の議論だけではなく、そこに参集する市民と議論する機会を設ける必要があります。

たとえば、市内の街区に再開発計画があれば、地域の住民や事業者が議会の場で意見を表明する機会を設ける。そうすれば、議会の議論は身近で切実な問題になりますから、市民も参集するし、議員の力も発揮できます。

ところが、現在の自治体の政治・行政は「法律があるから」「補助金があるから」「国からの通知があるから」やっている仕事が大半を占めます。これらは行政、すなわち市町村長がとりまとめ、場合によっては国や県の方針に合致した行政計画を策定し、補助金をもらいながら粛々と執行する。

もちろん、それに対して議会や個々の議員が意見を言うことはできます。しかし既に決まっていることに対し、議会で大きな修正や方針転換などを決めることは、事実上、困難です。議会での議論がおもしろいはずはない。この町をこうしたいと志を高く持っている人でも、議員になると幻滅するという話を聞きます。それくらいなら、自分で市民活動を展開したほうが、モチベーションも高まるし、成果を上げられるかもしれない。

歪んだ「分権改革」概念を正す

では自治体に権限を移譲すればいいのかというと、それほど単純な話ではありません。海外比較をすれば、日本の市町村は膨大な業務を担い、少なくとも形式的には膨大な権限を有しているのです。既に触れたように、自治体議会が国法の改正に伴って多数の条例改正をしなければならなくなるのはそのためです。むしろこのことが自治体の政治の魅力を低下させている。

「やりたい・やれる」自治体に財源と権限とともに業務を移譲するのは分権ですが、多様な自治体に対して全国一律、画一的に業務を移譲することは集権化にほかならない。なぜなら、多様な自治体を統括するために統一的な対応が必要になり、だからこそ国法の改正に合わせて、全国一律、画一的に条例改正をするような事態が生じてしまうからです。

地域社会やそれを反映した自治体が多様であることが問題を起こしているわけではない。地域社会が多様であることは、人為的に操作できない与件です。問題が起きているのは、多様であるはずの自治体に対して、全国一律、画一的な網掛け（標準化・共通化）をしていくからです。

地方自治制度を再構築する

日本の市町村制度はかなりいびつな形になっています。指定都市、中核市、施行時特例市、市、町、村、特別区、と少なくとも7種類の基礎的自治体の類型がある。しかもこれらがヒエラルキー化されていて、たとえば、町が市になることを「昇格」と称することもあります。

海外にも首都制度など、例外的な都市制度もありますが、基礎的自治体の呼称は概ね一つです。しかし多様な自治が存在する。つまり地域社会やそれを反映した自治体が多様であることが前提となっているので、一つの呼称で多様な自治の形態があり得るのです。

それに対して日本では、わずかな制度の違いで呼称を変え、しかもそれをいちいち国の政令で決めています。**地方自治制度を全国画一的に設計しているので、わずかな違いを基にして呼称を分けていくことになってしまう。**しかも、市民にはわかりにくい。

自治体の政治を魅力あるものにしていくためには、自分たちで自分たちのことが決められるような環境が必要です。このような環境を整えるためには、「地方分権」概念を再構築して、自治体が多様に存在し得ることを保障する改革が求められます。

都道府県の
未来

補完機能の発揮こそが存在理由となる！

全国知事会が出した憲法改正草案

近年、憲法改正に期待する風潮が高まっています。私の意見は、少なくとも地方自治に関する限り、現在の憲法を改正しなければ立ち行かない事態はなく（法律次元で解決できる）、むしろ、**憲法の規定から比べるとないがしろにされている現実を何とかするべき**というものです（今井照『地方自治講義』ちくま新書、2017年）。ただし、もし憲法改正が必至という情勢になれば、見直すべき論点がないことはない。

全国知事会のワーキングチームが地方自治に関する憲法改正案をまとめています【図表5－7】。

知事会としての最も切実な問題意識は「合区問題」です。2016年の参議院議員選挙から、二つの県を一つの選挙区にした「合区」が実施されました。これは国会議員の定数

図表5-7／全国知事会の憲法改正草案（一例）

現行規定
第92条 地方公共団体の組織及び運営に関する事項は、地方自治の本旨に基いて、法律でこれを定める。
知事会草案
第92条 1　地方公共団体の住民は、国民主権の原則並びに、生命、自由及び幸福を追求する権利に基づき、自らの意思により地方自治に参画する権利を有する。 （以下略）
マッカーサー草案［外務省訳］（原文はカタカナ交じり文）
第87条 首都地方、市及町の住民は、彼等の財産、事務及び政治を処理し並に国会の制定する法律の範囲内に於て彼等自身の憲章を作成する権利を奪われること無かるへし

〔出所〕全国知事会総合戦略・政権評価特別委員会「憲法における地方自治の在り方検討WT報告書」（2017年11月）等

削減が進み、都道府県間の人口格差が広がったために、参議院議員選挙で県単位の選挙区が成り立たなくなったからです。具体的には、鳥取県と島根県、および徳島県と高知県がそれぞれ一つの選挙区になった。

そこで全国知事会の案では、まず自治体には「基礎的な地方公共団体」と「広域的な地方公共団体」があるという二層制を明文化しています。その上で、参議院議員選挙の選挙区は「広域的な地方公共団体」を単位とする選挙区を含まなければならないと書く。これで合区を防止しようという算段です。確かに合区解消という意味では考えられた提案だと思います。

参院選への「特定枠」導入

２０１８年7月に、参議院議員の定数を「6増」する公職選挙法改正が成立しました。いわゆる「一票の格差」問題を是正する措置とともに、比例代表も「4増」し、一部に政党が決めた順位に従い当選者を決める拘束名簿式の「特定枠」を導入します。

わかりにくいしくみですが、要するに、合区対象県で選挙区に立候補できない候補を特定枠に登載し、救済を図るという意図があるようです。つまり、これで憲法を改正するまでもなく、合区問題を解決したことにするらしい。

ただ冷静に考えてみると、かなりいびつな制度です。これで当選する可能性があるのは、全国政党でそれなりの得票を得られる政党のみであり、仮に当該地域（合併対象県）で圧倒的な支持を得ている候補者がいても、所属政党が地域政党だったり、無所属だったりすれば、当選は難しくなります。

そもそもこの「特定枠」は、必ずしも合区対象県出身者のみにあてがわれた制度ではないので、政党によっては恣意的に運用することも可能です。今回のように、**国会議員の定数を増やすという選択肢があり得るのであれば、合区を解消する程度まで増員することも**

できる。そうすれば、このことを理由として憲法改正を持ち出すまでもありません。

前提として考えるべきこと

参院選合区問題については、もう少し根源的に課題を考えなければならないという気がします。たとえば次のような疑問が湧きます。

①そもそも「国民の代表者」を選ぶ国政選挙にどうして「広域的な地方公共団体」という選挙区がふさわしいのか（衆議院議員選挙と違うのはなぜか。両者の組み合わせでどのように国政のガバナンスをしようというのか）

②「広域的な地方公共団体」はどのように設置されるのか（現在のように、法律で「広域的な地方公共団体」が決められるのであれば、そもそも合区された地域を単一の「広域的な地方公共団体」にされてしまったらどうするのか）

③二層制以上の複層制や複合的な地方自治制度を否定するのか（自治体の広域制度を特別地方公共団体に制限してよいのか）

つまり、これらは「そもそも都道府県とはどういう存在なのか」というところに帰着します。

都道府県とは何か

都道府県の機能には、広域機能、連絡調整機能、補完機能があると言われます。また、2000年分権改革で否定されましたが、このほかに統一機能もあったと考えられていました。広域機能や連絡調整機能は、都道府県が市町村を包括する存在である以上、避けがたくある。問題は補完機能です。この点については既に触れましたが、確かにデリケートな問題を含んでいます。

県内にはA市、B町、C村……といくつもの市町村があります。補完機能とは、特定の分野について、A市はA市でやるが、B町、C村は補完機能として都道府県がやるという意味です。一律に都道府県が実施するのであれば、それは広域機能です。

このとき問題になるのは、**「なぜA市とB町、C村とで取り扱いが異なるのか」という根拠**です。たとえば、生活保護、建築確認、保健所など、法律で決まっている問題であれば、現実的には不都合はあっても、お互いに納得するしかないという気にもなる。しかし、個別の課題ではそう簡単に割り切れる話ではありません。

地域の環境や資源の問題で、C村がC村だけでは実施できない業務があったとして、もしC村だけを都道府県が補完するということになると、他の市町村からも都道府県内部からも「どうしてC村だけか」という説明が求められる。予算の配分にも影響します。

そこで、都道府県はなるべくなら域内を一律にしたいという意向が働きます。つまり、**補完機能ではなく広域機能として実施するか、あるいは一律に市町村業務にして市町村に委ねるかという選択になりがち**です。

しかし、多様な地域を前提とした地方自治を成り立たせるためには、都道府県の補完機能こそがキーポイントです。これこそが都道府県という広域自治体の存在意義と言っても過言ではない。

補完機能を拡充させるためには、都道府県こそ柔軟な組織でなければなりません。あたかも市町村のコールセンターのごとく、どんな注文にも対応する機動性が求められます。

PART 6

自治のゆくえ

標準化から多様性へ

統治

自治体の自立性・自律性

自治と統治の三局面

最後に、自治のゆくえを考えます。

改めて言うまでもなく、人間は一人では生きていけないので、集団で社会を形成します。それが村に象徴される自治体の原像です（地方自治制度上の「村」と区別して「ムラ」と表記する場合もある）。

村は、人間の集合体として、自治体の内部、つまり構成員を統治する必要が生じますが、自治体の外部に対しても自治体間や上位の統治組織との関係で統治構造が生まれる。自治体の歴史は、このようなバランスの上に成り立ってきました。

生産構造の近代化は、村に象徴される地縁社会を解体し、個々の人間を基礎とした社会に転化させます。このことで個人が確立し、封建的な社会関係から解き放たれたとも言えます。わかりやすく言い換えれば、働く場所と住む場所が分離していったからです。

ところが、人間が物理的な存在である以上、私たちの暮らしは広義の地域社会から逃れることはできない。どこかの空間で生活をしているからです。

たとえ24時間、ネット社会に没入していたとしても、食べ物や水やエネルギーは生活している空間で必要とされる。病気をしたり、災害にあったりすれば、なおさら空間としての地域を意識せざるを得ません。

もちろん、現代の地域社会は近世の村とは異なります。近代化（工業化と民主化）は、集団による統制よりも個人の恣意的自由を尊重します。つまり、**一人ひとりが統治者であり、同時に被治者であるという社会**を目指しています（金井利之『行政学講義』ちくま新書、2018年）。

ただし、現実にはなかなかうまくいかない。課題は三つあります。

①自治体内部での自治（市民参加・議会）
②自治体間の連携・補完（広域自治・地域自治）
③国—自治体間関係（分権・集権、分離・融合）

①と②については、これまでも繰り返し述べてきたので、次項からは特に③の課題について、計画策定を媒介とする国—自治体間関係について考えてみます。

国は「計画のインフレ」で自治体を振り回すな！

「計画」が現実の矛盾を覆い隠す

国が自治体に策定を求める計画が増加しています。極端に言うと、法律ができるたびに増えている。これを**私は「計画のインフレ」と呼んでいます。**

【図表6―1】は、現在の法律の中で市町村に求められている計画数を累積したものです。私が法令検索などから数え上げたものなので漏れや誤りのある可能性もあるので、暫定値と思ってください。わかっているだけで、238の計画が市町村に求められています。

しかも、これは氷山の一角です。なぜなら法律だけではなく、国からの1通の通知文だけで市町村に計画策定が求められているものが、この他に多数存在するからです。その数は調べようがない。さらに言うと、国からの補助金の要綱などで、申請時にはこのような計画を立てることとされているものもあります。

図表 6 - 1／法律によって市町村に求められる計画数の累積

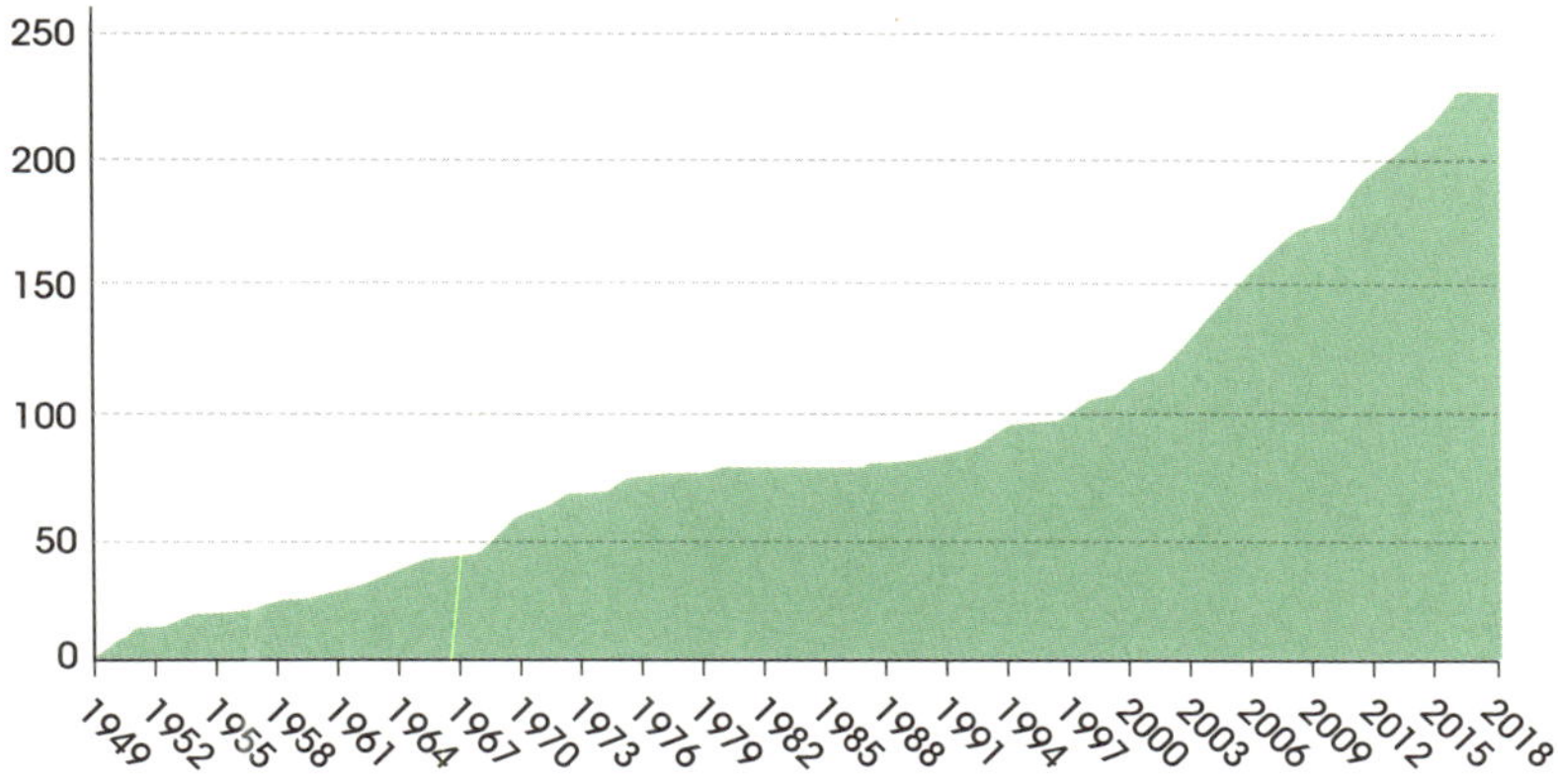

〔出所〕法律検索に基づき筆者作成（推定値）

「任意」でも「義務」？

かつてもこのようなことが問題になったことがあります。２００９年、当時の分権推進計画で、自治体に対して計画策定を義務化するのを可能な限り止めようということになり、多少、手直しがされた。しかし、具体的に俎上に上げられた市町村計画はたったの三つで、このうち廃止されたのは一つだけです。その他は、「義務」を努力義務（「努めるものとする」）や、「できる」化（「できるものとする」）に替えただけに終わりました。

２０１４年、国策としての地方創生政策が始まり、そのときにそれぞれの自治体が地方版総合戦略を策定するようにと法律（まち・ひと・しごと創生法）で定められました。

まち・ひと・しごと創生法

第十条　市町村（特別区を含む。以下この条において同じ。）は、まち・ひと・しごと創生総合戦略（都道府県まち・ひと・しごと創生総合戦略が定められているときは、まち・ひと・しごと創生総合戦略及び都道府県まち・ひと・しごと創生総合戦略）を勘案して、当該市町村の区域の実情に応じたまち・ひと・しごと創生に関する施策についての基本的な計画（次項及び第三項において「市町村まち・ひと・しごと創生総合戦略」という。）を定めるよう努めなければならない。

文末を見れば明らかなように「努めなければならない」ですから、計画策定は義務にはなっていない。しかし、現実に地方版総合戦略は、ただ一つの例外を除いて、すべての市町村で策定されました。

しかも、この条文からも明らかなように、この計画は国や県の計画を「勘案」して策定することになっている。つまり、**自治体が地域事情に応じて自発的に策定するのではなく、国や県の計画に沿うようにつくりなさい**ということです。特に2000年分権改革以降は、このような国法のスタイルがデフォルト（標準設定）になっていると言っても言い過ぎではありません。

国法のデフォルト

たとえば、2016年に新たに公布された国法は、23件あります（改正法を除く）。このうち、6件の法律で市町村に計画策定を求めている。さらに、計画以外にも、市町村に新たな「責務」（施策を行うことなど）を設けた法律が7件あるのです。合わせて、23件中13件という過半数の法律で、新たに市町村における業務の新設がありました。

こうなると、**国と自治体は「対等・協力」の関係と謳い上げた分権改革は遠い世界になってしまったかのよう**です。相談も協議もなく、次から次へと自治体に新しい仕事が増やされています。職員数が50人の市町村も、職員数が数千人の市町村と同じように、全国一律、画一的に降りかかってくる。

問題は、単に仕事を増やしているだけではないことです。最大の問題は、自治体に計画策定をさせることで、国から自治体に結果責任が転嫁されるというところにある。国は自治体に計画策定をさせれば、何らかの政策を実施したことになります。もし、その成果が上がらなければ、計画を策定した自治体の責任にすれば済む。そのために、KPI（Key Performance Indicator）と呼ばれる重要業績評価指標を自治体に設定させ、第三者のふりをして施策の成果を評価するのです。

こうしたしくみが国による自治体統制手法の主流になってきました。**単に統制手法であるということだけではなく、場合によっては有効な成果を上げることができないという意味で、行政の無駄につながります。**

地方版総合戦略のトリック

地方版総合戦略にも同じことが言えます。国策としての地方創生政策に対しては多くの批判がありますが（たとえば、山下祐介・金井利之『地方創生の正体――なぜ地域政策は失敗するのか』ちくま新書、2015年）、ここでは割愛して、地方版総合戦略の策定過程だけに注目します。

私たちは、地方版総合戦略の策定過程に関する全市町村の担当者に対するアンケート調査を実施しました（詳細は、坂本誠「地方創生政策が浮き彫りにした国―地方関係の現状と課題―「地方版総合戦略」の策定に関する市町村悉皆アンケート調査の結果をふまえて―」『自治総研』474号（2018年4月号））。

地方版総合戦略を策定する市町村に対して、国は1000万円の枠で予算を用意しまし

図表6-2／地方版総合戦略受注企業（本社所在地別）

順位	本社所在都道府県	受注件数	受注件数シェア	受注額合計（円）	受注額シェア
1	東京都	338	54.0%	2,168,787,932	53.3%
2	京都府	48	7.7%	322,490,673	7.9%
3	北海道	28	4.5%	163,918,360	4.0%
4	大阪府	20	3.2%	117,675,600	2.9%
5	愛知県	18	2.9%	112,534,023	2.8%
6	福岡県	16	2.6%	99,235,832	2.4%
7	沖縄県	10	1.6%	86,684,356	2.1%
8	広島県	10	1.6%	63,849,760	1.6%
9	鹿児島県	10	1.6%	60,329,659	1.5%
10	長野県	10	1.6%	46,328,524	1.1%
総計（母数）		626	100.0%	4,066,896,490	100.0%

〔出所〕坂本（2018）

た。自治体にとっては破格の金額です。そこで市町村はおよそ1000万円の予定価格で計画策定を請け負ってくれる企業（コンサルタント）を探すことになった。私たちのアンケートに答えた市町村を集計すると、受託した企業は【図表6―2】のようになりました。

ここからわかることは、**「地方創生」という名目で予算化され、全国にばらまかれたお金が、東京を中心とする大都市圏に還流するようすです。**この過程で市町村は他の市町村との「勝者なき競争」に駆り出され、消耗していく。国の立案する地域政策がどうして失敗を繰り返すのかという一面がここから見てとれます。

たとえば新幹線網や高速道路網など、あたかも「地方」に投資するかのような政策でさえも、最終的には東京圏のビジネスにとっての受益に還元される。戦後一貫して「国土の均衡ある発展」政策が推進されてきましたが、やればやるほど東京圏への一極集中を招くことになってしまった原因はここにあります。しかも、また繰り返されているのです。

2040構想

もう一つの未来構想を描く

市長会と町村会が批判

本書の冒頭でも触れたように、2018年7月、総務省に置かれた自治体戦略2040構想研究会が第二次報告を出しました。その後、引き続いて、第32次地方制度調査会が立ち上がり、そこでこの内容を制度化するための具体的な議論が行われている。その第1回の総会で、全国市長会や全国町村会の代表者たちが、この報告書を痛烈に批判しました。なぜでしょうか。

そこでまずこの報告書に何が書かれているのか、順を追って見ていきます。第二次報告の前段には、同年4月に出された第一次報告がありますが、こちらは大部分が自治体や地域社会を取り巻く環境の分析に充てられているので、ここでは触れません。

第二次報告は4章立てになっています。このうちのⅠとⅡは、やはり現状分析に充てられています。これらの現状分析に際しては多種多様な統計資料が駆使されていて、中には目新しい視点も散見されますが、Ⅲ以降の整理の過程で、必要の都度、触れることにします。

というのは、おそらくこの現状分析部分は研究会での多様な意見が反映されているので、部分的には見るべき見解がありますが、異なる主旨や相反する分析が同列に並べられているところもあるからです。

本文にはない資料

これらの公表資料のうち、最初に目につくのは報告書の本文ではなく、概要として公表されている資料の一つで、「人口段階別市区町村の変動（2015→2040）【H30推計】」という一覧表です。この表は、縦軸に2040年時点での推計人口、横軸に2015年と比べた2040年時点での人口増減率がとられ、それぞれのグループ別に市町村名が掲げられている。

この一覧表を見ると、個々の自治体で、2040年にどの程度の人口減少が起こるかが一目瞭然にわかります。かつて、国策としての「地方創生」が突如として立案される直前に、「消滅自治体」リストを掲げた「地方消滅」論が流布されましたが、この一覧表にはそれと同じ匂いがする。当該自治体の関係者に対して、未来や希望を喪失させ、これからの地域経営をあきらめさせるという効果です。

さらに重要なことは、**この一覧表は報告書の本文には存在しないということです。つまり概要版にしかない。**一般常識から見たら奇異ですね。霞が関（国の官僚機構）が作成する資料には、ときどきこういうことが起こる。この一覧表は研究会の意思ではなく、研究会事務局である霞が関の意思に基づいていると見ることができます。

政府の役割とビジネス的思考

第二次報告の肝であるⅢは、最初に「新たな自治体行政の基本的考え方」が述べられ、その後に、「1　スマート自治体への転換」「2　公共私によるくらしの維持」「3　圏域マネジメントと二層制の柔軟化」「4　東京圏のプラットフォーム」で構成されています。冒頭の「基本的考え方」は、それ以降に書かれている各論のまとめのようなものですが、**特段に強調されるのが、「労働力の深刻な供給制約」「若年労働力の絶対量が不足」といった言葉です。**市民生活や地域社会がどうなるかというよりは、まず、狭い意味での経済や産業が、この報告書の発想の出発点であることを暗示させます。本書で掲げてきた自治体のミッション（「今日と同じように明日も暮らし続けられる」ということを市民に保障すること）とは、立脚点が異なる。

「基本的考え方」は「危機への対応こそが、新たな発展のチャンスである」という勇ましい言葉で締め括られます。これは完全にビジネスの言葉です。私はビジネスそのものが、社会にとって非常に重要な要素であると考え、市場原理も尊重する一人ですが、一方、**自治体を含む政府の役割は、そのビジネスで包括される社会から疎外されたり、参入できない人たちを支えるところにある**と思っています。ここで書かれている「基本的考え方」にはそうした含みが感じられない。

「本来担うべき機能」の精査

各論を見ていきます。まず「1　スマート自治体への転換」とあり、「（1）半分の職員数でも担うべき機能が発揮される自治体」という表題が目に入る。ここでも「我が国最大の制約要因は労働力である」という脅し文句が最初に書かれています。そのために「公的部門と民間部門で少ない労働力を分かち合う必要がある」とのことです。

繰り返しますが、私は経済や産業が重要であるという認識においては、人後に落ちない。

むしろビジネスベースで人々の生活が維持できるのであれば、それに勝るものはなく、限りなくそうあるべきだと思っています。私は一貫して自治体行政のアウトソーシングにはポジティブですし、本書の「PART3　自治体行政の未来」でもそのように書きました。

しかし残念ながらそうはいかないところもある。そこに政府の役割があります。公的部門と民間部門とがアプリオリ（先験的）に存在し、それらが競合して労働力を分かち合うというようなことではないのです。**労働力に制約があるから「業務のあり方」を変革するというのは本末転倒であり、「本来担うべき機能」を精査して、それを維持するためにどうするかというのが発想の流れであるべきです。**

その結果、「本来担うべき機能」が減るかもしれない。もちろん増えるかもしれない。たとえ増えても「本来担うべき機能」なのですから、担う必要があるのです。このときに初めて、その業務を職員で担うべきなのかどうかが問われる。

本書でも繰り返し述べてきたように、現在の自治体には「本来担うべき機能」以外の「余計なこと」が多数、強要されています。自治体のミッションに立ち返って精査すれば、それだけで「業務のあり方」が改革されるはずです。ここに手を入れない限り、自治体の業務量は増すばかりで、職員はさらに疲弊します。

人工知能は自治体に何をもたらすか？

「破壊的技術を使いこなす」とは

次項には「（2）破壊的技術を使いこなすスマート自治体への転換」とあります。この研究会の報告書にはカタカナ言葉が多く、しかもほとんどはコンピュータ用語です。まさに電脳空間のことを書いているかと思えば、単に比喩として使われていることもある。報告書を読み解きにくくしています。

そのような中で「破壊的技術」だけは訳語が使用されています。一般的には高度な技術革新という程度の意味で、たとえば蒸気機関の発明などがそれに当たりますが、ここでは、AI、ロボティクスに限定されているようです。できるものは「破壊的技術」を利用して自動処理し、「職員は企画立案業務や住民への直接的なサービス提供など職員でなければできない業務に注力する」と書いてあります。

同じことは40年前の大型コンピュータの導入のときから言われてきました。しかし現実はそうなっていません。だから業務量が増加し、問題もあちらこちらで起きているのです。どうしてこうなってしまうのか。現在のＩＴは、ＳＮＳに象徴されるように、コミュニケーションツールとして使われるところに特徴があります。単に大量の計算処理をすることばかりでない。

たとえば、今はメールやＳＮＳで遠方からでも昼夜を問わず、市民から大量の問い合わせが職員のパソコンに届けられます。簡便になったことは確かですが、かといって相互の意思疎通が的確に行われるわけではなく、逆にお互いの関係の密度が薄いために、行き違いから混乱やもめごとが起こることも少なくない。不用意な言葉も飛び交い、そのために職員が苦しみ悩むこともあります。

仕事の面でも、県庁や国からＬＧＷＡＮ（総合行政ネットワーク）などを通じて頻繁に照会や調査依頼が送られてきます。**「いつでもどこでも」ネットとつながることで、時間や場所を問わずに仕事に巻き込まれ、職業倫理の高い人ほど日常的に隙間なく緊張を強いられる。**

単に情報の大量処理をするのであれば、業務にゆとりが生じることもあるかもしれませんが、現在のようなＩＴ技術の活用は、質的にはもちろん、量的にも業務を増やし、職員

図表６-３／ＡＩネットワーク化が公共部門にもたらす効果

公共インフラ		
	異常気象、災害等急な環境変化にも即時に対応	
	メンテナンスのオートメーション化により効率化	
		老朽インフラを点検するロボットの実用化
		渋滞の緩和や交通流の円滑化
		電力需給バランスの自動最適化
防　災		
	災害影響の予測と連動した避難誘導による被害軽減	
		被災情報の自動発見、デマ情報の判定支援
		復旧復興計画や都市計画を自動的に立案
スマートシティ		
	街頭カメラの活用やエネルギーマネジメントで安全・効率的な街を実現	
		不審者特定システム、弱者見守り支援
		小都市における１００％再生可能エネルギーを実現
行　政		
	オープンデータの活用により行政水準が向上	
	個人、企業からの情報を活用して精緻な政策立案が可能	
		法案等と既存文書の矛盾の自動検出
		画像認識による自動投稿監視システム

〔出所〕総務省情報通信政策研究所「ＡＩネットワーク化検討会議中間報告書」（2015年４月15日）から抜粋、一部改変して筆者作成

に高度な処理能力を求めます。これが現実の職場で起きていることです。**自動処理を導入すれば、「住民への直接的なサービス提供」に割く時間を生み出せるという見通しは、あまりに楽観的過ぎますし、現実にも合致していない。**

ＡＩは業務を効率化しない

将棋のＡＩが話題になっていますが、ＡＩは機械学習や深層学習の段階に入っています。たとえば問い合

図表6-4／AIネットワーク化のリスク

リスクの種類	課題の例
事　故	自動運転車の自律的判断に基づく動作による事故
犯　罪	自律的兵器のテロ等犯罪
権利利益	消費者、青少年、高齢者等の権利利益が毀損
個人情報	個人情報の収集・利活用が不透明化
人間の尊厳	人間の意思決定過程を見えない形で操作
民主主義	投票等国民の行動の操作

〔出所〕総務省情報通信政策研究所「ＡＩネットワーク化検討会議中間報告書」（2015年4月15日）から抜粋、一部改変して筆者作成

わせに答えるというような作業は得意とされています。電話の受け答えはもとより、受付窓口のロボット化、ＳＮＳの返信などで、実用化が期待される【図表６―３】。おそらく数年もすれば、自治体でも普通にＡＩが活用されるようになるでしょう。もちろん、一方にリスクもあります【図表６―４】。

しかしそこで注意しなければならないのは、既に触れたように、むしろますます労働密度を高めるので、それへの対策を怠ってはならないということです。これには人もお金も必要だし、もちろん業務量も増えます。

たとえば、仮にＡＩに自己学習能力があるとしても、毎年のように制度が変わる福祉や課税など、行政の実務においては、途切れなく情報を更新する作業が必要です。しかも将棋の棋譜とは違い、たとえ制度変更の過渡期であったとしても、公的部門ではいささかでも誤った対応は許されない。場合によっては住民の一生を左右する可能性すらあるからです。常にチェックする必要が生じる。しかもシステムの中身は簡単には透視でき

ないブラックボックスです。

自治体も社会のインフラである以上、こうした変革に包み込まれるのは必至です。その上で、**市民の不利益にならないようにその流れをコントロールしたり、モニタリングを強化する必要がある。**

自治体業務そのものへのＡＩの導入については、必ずしも先頭を切らずに、技術が成熟化してから取り組めばいい。必ずそれまでにビジネスサイドから多数の提案があるから、焦る必要はありません。しかし、自治体の政治・行政として、ＡＩのリスクに対する準備、つまり規制や保護についての政策・制度の開発は急がなくてはなりません。

この報告書で掲げられている「破壊的技術」の現実とはこのようなものです。私たちには住基ネットやマイナンバーなどの苦い経験があります。結局、高コストで非効率的なしくみになってしまった。市民にとっても、法人にとっても、マイナンバーで、むしろ提出書類が一枚増えたという実感があり、当初は厳格だったマイナンバーの取り扱いも、次第にぞんざいになっています。

標準化・共通化への誘惑

多様であることが問題ではない！

「標準化・共通化」というイデオロギー

第二次報告の次の項目が「(3) 自治体行政の標準化・共通化」です。この報告書の中でも象徴的なワードが、この「標準化・共通化」です。後に「行政のスタンダード化」という概念に発展していきます。

ここで書かれているのは「情報システムの標準化・共通化」です。各種の情報システムについて、自治体がカスタマイズするので重複投資になって効率が悪い、だから新規はもちろん、既存の情報システムも統合化して「標準化・共通化」するべきであり、**自治体がこの点でそれぞれに勝手なことをしないように「新たな法律が必要」だと言う**のです。

すーっと読むとそのとおりかなと思うかもしれませんが、ここではとんでもないことを言っています。地方自治のイロハが理解されていないのではないか。そもそも国法を根拠としたナショナルスタンダードで行政実務を執行しなければならないのであれば、国が直接執行すればよいのです。自治体を国の行政機関の一端だと思うから、こんな発想が出てきます。２０００年分権改革で否定された機関委任事務の考え方そのものです。

どうして自治体は情報システムをカスタマイズしなければならないのか。それは一人ひとりの住民や地域に行政サービスを総合化して提供しなければならないからです。**制度があって行政があるのではなく、個々の住民がいて、その住民に合わせて制度を組み合わせるためです。**

特に自治体では、地域性や必要性に応じて、独自の行政サービスを加える必要があります。個別の国法ベースの情報システムが複数並列して走っているだけでは、自治体の行政が動きません。自治体で情報システムをカスタマイズするということは、まさに自治体が自治体である根拠そのものを象徴しています。ところが、この報告書では、自治体によるカスタマイズがあたかも悪弊であるかのように書かれている。

さらにこの報告書は、単に情報システムの標準化・共通化にとどまらず、後で触れるように、自治体行政のスタンダード化まで先走ります。何度も繰り返しますが、**地域社会や自治体が多様であることが問題なのではなく、多様な地域社会や自治体に対して「標準化・共通化」を求めるから問題が起きているのです。**

図表6-5／公共私によるくらしの維持（大都市部と地方部）

住民同士の関係性が希薄な地域 ＝共助の受け皿がない地域 （主に大都市部を想定）	共助による支え合いが広く行われている地域 ＝共助の受け皿がある地域 （主に地方部を想定）

	住民同士の関係性が希薄な地域	共助による支え合いが広く行われている地域
私	個々の住民がサービスを購入することでニーズを満たす ただし、サービス購入できない住民も存在	人口減少と高齢化が進むことで、住民ニーズに対するサービスの供給がビジネスとして成り立たない可能性
共	共助によるサービス提供があまり行われておらず、地域の共通課題への対応は脆弱	地域組織などの共助による支え合いが存在 ただし、人口減少と高齢化が進むと、活動継続が困難に

〔出所〕「自治体戦略2040構想研究会　第二次報告」

多様性のある公・共・私構造

二つ目の柱が「2　公共私によるくらしの維持」です。実はこの報告書の前半にある現状分析で、私がよく書けているなと感じたところがありました。それは「住民同士の関係性が希薄な地域」（主に大都市部を想定）と「共助による支え合いが広く行われている地域」（主として地方部を想定）の二つに分けた分析で、それぞれに別々の（見方によっては相反する）問題点が生じていることを図式化したものです【図表6―5】。

これまでこの種の議論は、行政資源の限界性から発して、地域社会における助け合いや相互関係に対して安易に依存するというパターンが多かったのですが、ここでは、大都市部においても地方部においても、それぞれに別々の問題があるということを示しています。これはたいへんな進歩です。2タイプしかないというのは物足りないですが、それでもかつての単線型思考から見れば、前進しています。

ところがこうした現状分析があるにもかかわらず、方向性を示す段になると画一的な「解答」に先祖帰りしてしまう。この節の冒頭で、唐突に自治体は「プラットフォーム・ビルダー」や「プロジェクトマネージャー」であるべき、と書かれます。まずこのカタカナ用語が意味するところが理解できない。従前から言われていることとどこがどう違うのか。この言葉を使う必要がどこにあるのか。

さらに、自治体は「従来の地域社会や家族が担ってきた領域にも進んで踏み込んでいく必要がある」とあります。しかしこれは一般化できません。そういう地域もあるでしょうが、そうする必要がない地域もある。報告書でこのように書いてしまうと、やれないところや、やってはいけないところまでやることが前提になってしまう。

具体的には「労働力及び財源が制限されていく中」において、「共や私において必要な人材や財源を確保できるようにする必要がある」と続きます。ここも論理的にわかりにくいところです。労働力や財源が制約されているのは、公、共、私、いずれもそうであると分析されていたはずなのですが、対応策になると、公だけが制約されていて、その足りないところを共や私の人材や財源でカバーし、公は支援するという立ち位置になっているので

す。現状分析では困難としていたことが、そのまま解決策として提示されている。

「法人化」で何が解決するのか

そしてその次に大都市部と地方部とに分けた対処案が出てきます。大都市部では「地縁による共助の担い手が乏しい」ので、「地域を基盤とした新たな法人を設ける必要がある」とされます。一方、地方部では、従来からの地縁組織や地域運営組織が「高齢化と人口流出によって急速に弱体化するおそれがある」ので、「地縁組織の法人化等により、組織的基盤を強化する必要がある」となっています。

つまり大都市部も地方部も、地域を基盤とした組織の法人化が処方箋として示されているのです。**現状分析では、大都市部と地方部に分けて、それぞれに問題や課題があるということが示されたのですが、答えは一本化されて、いずれも地域組織の法人化が必要だという話になってしまう。**

確かに法人化が必要な部分もあるかもしれません。しかし単に法人化だけであれば、既に社会には多様な手段があります。NPO法人でも株式会社でも、あるいは「認可地縁団体」という制度もあります。この報告書では、どのように法人化が求められていて、これまでの制度では何が足りないか、が書かれていない。

ここからは推測になりますが、どうも任意の組織ではなく、その地域にいれば誰もが参加を強要されるような地域組織がイメージされているのではないか。もしそうだとしたら、これはもはや法律や政策の問題ではなく、憲法次元の課題です。これをきちんと「新しい政府」（「新しい自治体」）として提案するのであれば、そこにどうやって市民が参画していくのかという議論になりますが、そこを避けて、単に法律に基づく制度提案として示されるのであれば、私たちの人権とか自由を、直接、制約しかねない。もし、さすがにここまでは考えていないということであれば、既存の法人制度を活用すればよいのではないかと思います。

しかしそれ以上に根本的な問題は、法人化すれば人材や財源がどこからか自然に湧いてくるかのような論理にあります。そもそもどこも足りないと言っているときに、法人化で解決がつくのか、疑問です。「制度いじり」に終わるのではないか。

そしてこの項の最後にさりげなく「外国人がサービス提供の担い手となる」と盛り込まれています。これは経済財政諮問会議でまとめられた2018年のいわゆる「骨太の方針」に呼応するものです。もし、**「外国人と地域社会との関係性」を問うのであれば、当然、外国人住民の市民権、たとえば地方参政権にも触れざるを得ないでしょう。**

圏域マネジメントの不可能性

「勝者なき競争」に駆り立てたのは誰か？

「スタンダード化」という宿痾《しゅくあ》

第二次報告は、終盤に近づくにしたがって次第にきな臭い記述が多くなる。これまで見てきたように、現状分析とは無関係に方策が論じられている傾向があるからです。おそらくここで示されている方向性は、地域社会や自治体、そしてその住民が抱えている現実の課題から編み上げられたものではなく、空想的な「成長経済」論から導かれているのです。

具体的には、経済財政諮問会議の「経済財政運営と改革の基本方針２０１８」や、未来投資会議の「未来投資戦略２０１８」に盛り込まれた内容を、自治体に落とし込もうとしている。

そういった意味で、もっともきな臭い方針が、「３　圏域マネジメントと二層制の柔軟化」という柱です。既に触れたように、ここで「（１）圏域単位での行政のスタンダード化」

という言葉が出てきます。「個々の市町村が行政のフルセット主義と他の市町村との勝者なき競争から脱却し、圏域単位での行政をスタンダードにし、戦略的に圏域内の都市機能等を守り抜かなければならない」といった勇ましい言葉が並ぶ。

そもそも**「総合行政主体論」を変質させて、市町村行政はフルセット主義であるべきという理屈の下に、いわゆる「平成の大合併」と呼ばれる市町村合併を推進したのは国でした**（山﨑重孝（2004・2005）「新しい「基礎自治体」像について（上）（下）」『自治研究』80巻12号、81巻1号）。

「他の市町村との勝者なき競争」に市町村が追い立てられたのは、「地方消滅」「自治体消滅」といった脅しの末に出てきた国策としての「地方創生」政策であったことは、自治体関係者なら記憶に新しいことです。あたかもこれらが自治体側の責任であったかのように述べられている。

「疑似的」市場の意義と限界

その上で、これまで幾多の総務省関係の審議会や研究会が提起し、制度化を重ねてきた定住自立圏や連携中枢都市圏などがうまくいっていないことをこの報告書は認めています。本来なら、**どうしてこれらの連携・補完制度がうまくいかないのか（利用されないのか）という点を追求しなければならないにもかかわらず、出された結論は「圏域単位で行政を進めることについて真正面から認める法律上の枠組みを設け」るです。**つまり、うまくいかないので、法律の力で強制的にやらせるということです。

しかもその次の段には「圏域全体の経済をけん引するハブを形成するためには、企業家が社会貢献にとどまらず経済合理性に基づきその取組に参画できるようにする必要がある」という謎の文言があります。確かに経済合理性はこの社会にあって重要な原理の一つです。しかし経済合理性が機能している分野には、既にビジネスが参入しているはずなのです。

現状分析で縷《る》々《る》語られてきた地域社会の現状は、経済合理性では解決不可能な事態が起きているということでした。これに対して、たとえば指定管理者制度や市場化テストなど、疑似的に市場をつくり出して、公的な場に市民活動や企業活動を取り組むということはあり得ます。なぜそれがあくまでも「疑似的」でとどまるのかと言えば、その原資が税金などの公的資金であり、「政治・行政」としての意思決定が介在するからです。本来の意味で市場原理が貫かれているわけではない。

あえてこの報告のこの場所にこのような謎の文言を入れる意図は、本来、経済合理性が機能しないところに、政治・行政の「忖度」で公金を起業家にたれ流せ、と言っているかのようです。

「大都市」と「地方」との狭間

次の節が「(2) 都道府県・市町村の二層制の柔軟化」です。表題が過激なので、おやっと思わされますが、よく読むと、都道府県による補完論であり、本書でも述べてきたことです。**「二層制の柔軟化」というよりは、二層制の徹底と書くべきでしょう**【図表6—6】。

これまでと異なるのは、都道府県による補完の前段階に、「大都市等を中心とした圏域内の行政は大都市等による市町村間連携にゆだね」ることとし、その他の「都道府県の補完のほか支援の手段がない市町村にリソースを重点化する」という点です。

既に触れたように、これまでの幾多の市町村間連携の制度が、うまく機能していないということはこの報告書も認めている。現実的に動いているのは、この報告書が想定しているであろう、奈良県や高知県など、県による市町村補完です。もしそうであれば、素直に、都道府県による市町村補完という視点を前面に出してもよかったはずです。

さらに疑問なのは、市町村間連携にゆだねるとされた大都市圏とは、具体的にどのよう

図表6-6／地方圏の圏域マネジメントと二層制の柔軟化

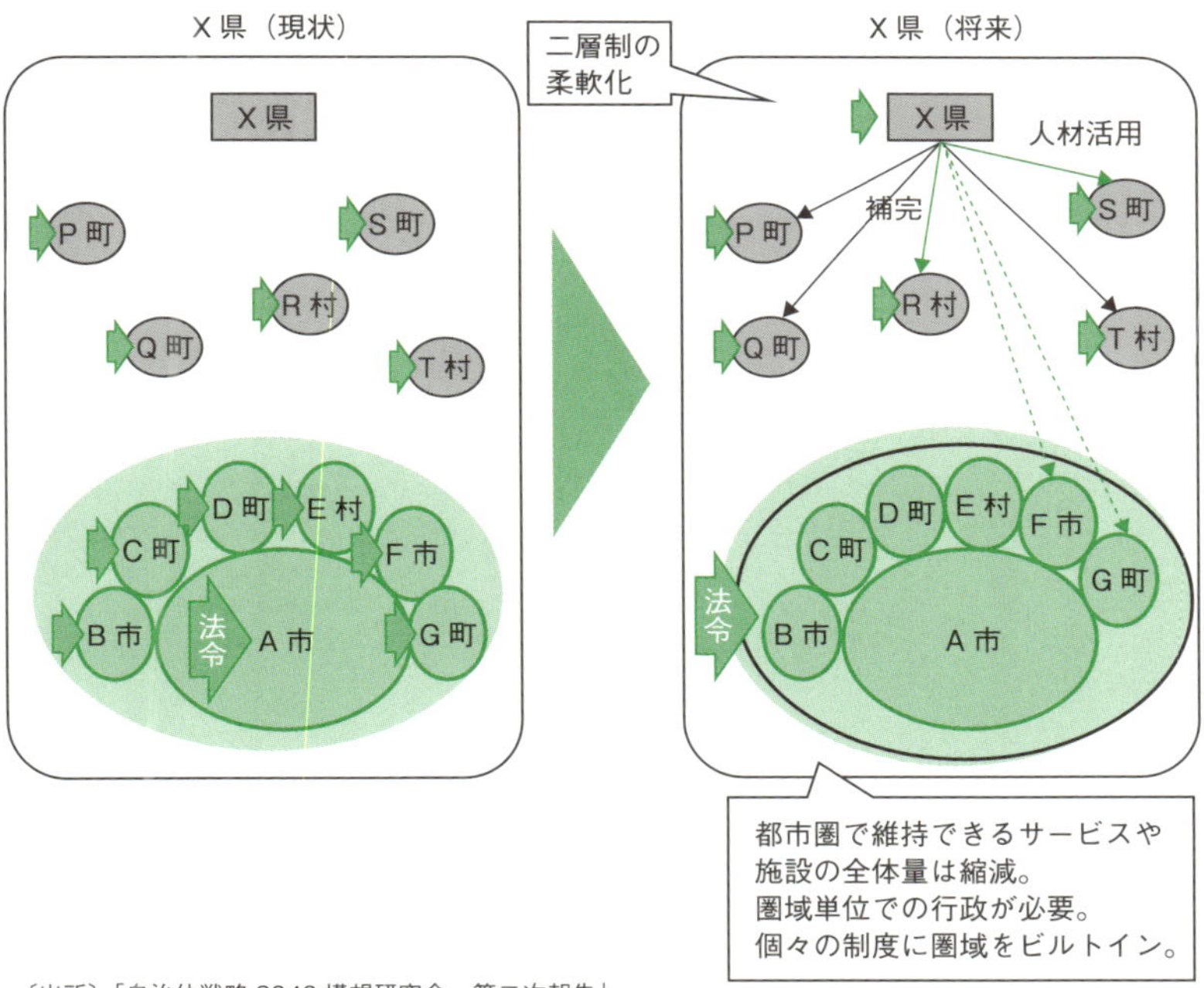

〔出所〕「自治体戦略2040構想研究会　第二次報告」

な地域を指すのかということです。東京圏など三大都市圏については、項目が別になっていることから、おそらくここには含まれていない。

それでは県庁所在地のような都市を指しているのでしょうか。一口に県庁所在地の都市と言っても多様で、たとえば新潟市や静岡市など、既に超広域化しているところは、最初から連携概念には当てはまらない。一方、県庁所在地の都市でも、大都市とは言えない規模のところもあります。**現実には「大都市」と「地方」との狭間に位置する「地方都市」が大多数を占**

めるのではないか。こう考えてくると、非現実的な「圏域マネジメント」ではなく、やはり都道府県による市町村補完を基軸に考えるべきではないかと思われます。

相反する「圏域」論

第二次報告における提案の最後が「4　東京圏のプラットフォーム」です。東京圏こそ圏域マネジメントが必要であり、そのためのプラットフォームが必要であるという考えのようです。

これまでこの報告書で展開されてきた圏域マネジメント論は、人口減少社会を迎えるにあたって、「都市の集積を基盤として圏域全体の生活や産業を支えてきた都市機能は維持できなくなる」という認識から出発していた。ところが東京圏にも圏域マネジメントが必要という論拠は、まったく別の次元の話です。むしろ集積が進むのでそれを圏域内で分散して担うべきという話です。

わかりにくいのは、相反するベクトルに動いている社会に対し、「圏域単位での行政のスタンダード化」という処方箋が同じというところです。この報告書の結論は、現状分析とは関わりなく、この1点に集約されていると言えます。

繰り返しになりますが、現在の地方自治制度に金属疲労があるとすれば、多様な地域社会を反映する多様な自治体に対して、全国一律、画一的な「標準化・共通化」を押しつけているところです。自治体のあり方が多様であることが問題なのではない。このことを踏まえれば、自治体の未来が拓けてきます。

そもそも国レベルで、標準化、共通化が必要な業務は自治体そのものの業務とは言えない。本書ではさまざまな事例を通じて、そのことを書いてきました。逆に、自治体が自治体本来の機能に特化して仕事を展開すれば、自治体の魅力が高まり、おのずと市民参加は進み、議会改革は進む。

そのための制度改革は、この報告書の方向性とは真逆にあります。この報告書が「圏域単位での行政のスタンダード化」を言うのであれば、それに対して、自治の上限を超えた自治体のあり方を見直し、可能な限り、自治が機能する規模に分割した上で、重層的な自治体政府を再構築していくことです。

当然ながら、一日にしてできることではない。しかし、少なくとも言えることは、この報告書の方向に進めば進むほど、自治体の未来が遠ざかるということです。自治体の政治・行政に関わる人たちの職務としてできることは、あくまでも地域社会とその住民の必要性と必然性に基づいて政策を立案して執行するという当たり前のスタンスであり、それを阻む要素を可能な限り排除するということではないかと思います。

生きる場としての地域・自治体

本来、地域と自治体は生きる場としてのセーフティネットでした。この性格は近代化された現在の制度においても引き継がれるべきだというのが私の考えで、だからこそ地方自治が重要であると思っています。

このことを政治学者の宮本太郎さん（中央大学）の言葉を借りて整理すると、現在の貧困は「社会的排除」として生じているので、これを解決するためには「弱者」支援にとどまらず、技能の向上や家族ケアからの解放など、**社会的に排除される要因を解決しつつ、社会参加と就労を拡大する「社会的包摂」が必要**ということになります（宮本太郎『生活保障――排除しない社会へ』岩波新書、2009年）。

これからの地域政策の意義はここにあります。もちろん、ときには地域開発をする必要もあるでしょう。たとえば現在でも子どもが増え続け、学校建設に追われる地域もあります。だから必要最小限の都市整備はしなくてはなりませんが、それにしても地域政策の基本は、個々の人々が「生きる場」であり続けるということです。

繰り返し述べているように、「今日と同じように明日も暮らせる」ことが地域政策における最大の価値観なのです。当然、それでは我慢できない、もっと可能性を拓くべきだという考えもあるでしょうし、このことが社会の進展や生活の質の向上をもたらすであろうことは言うまでもない。しかし、それは個人の意思に基づく市民活動や経済合理性に基づく企業活動において展開されるべきです。

それに対して、**地域社会や自治体の政治・行政は、サッカーで言えばディフェンスに当たるポジション**です。ディフェンスも攻撃のこと（社会の最先端）をよく知らなくてはならないし、常に攻撃の組み立てに向けた第一歩でなくてはならないのは当然としても、まずは0点に抑えなくてはディフェンスの役割を果たせない。まして、リスクマネジメントなしに攻撃に参戦すれば、自陣に打撃を被ることになる。自治体の地域政策とはそういうものです。

もう一度繰り返しますが、**大事なことは、地域社会や市民生活が今日と同じように明日を繰り返すこと。それを妨げる障害物をいち早く感じ取り、克服していくのが地域政策です。**このことをここでは「まちづくり」と言っておきます。そのために、自治体職員はパソコンを離れて地域を歩くことが必要ですし、市民は声を上げて自治体をうまく使いこなすことが重要になります。

エピローグ

楽観主義でも悲観主義でもなく

本書は自治体版「未来の年表」をつくるつもりで企画されました。したがって、この春に書き上げた最初の原稿では、未来の自治体に関するありとあらゆるデータがてんこ盛りになっていた。これらを読み込みながら、未来の自治体や地域社会を考えていこうというつもりでした。

確かに「自治体に未来はあるのか」と思えるような数字も多いですが、冷静に考えれば、こうした未来であるからこそ、自治体の役割はますます大きくなる。本書でも繰り返してきたように、「今日と同じように明日も暮らし続けられる」ことを市民に保障することが自治体のミッションだからです。

ところが、「地方消滅」論の再来ではないかと見まがうような自治体戦略２０４０構想研究会の第二次報告が出て、大幅に原稿を改めなければならなくなりました。社会全般の問題として起きていることや、起きようとしていることの大半を自治体の責任に還元し、だから現在の自治体には未来がないかのように描かれていたからです。

人口が減少するから自治体が成り立たないとか、高齢者が増えるから自治体が成り立たないということはまったくの錯誤です。そもそも自治体とは何かということがわかっていないから、こんなことを言えるのです。人口が何人であろうと、高齢者が何人であろうと、目の前の地域社会で暮らす人たちが、明日も暮らせるようにするのが自治体です。

むしろ、現在の自治体で最大の問題は「余計な仕事や責任」を強要されているところにある。自治体に自立性が欠けているのではなく、自治体の自立性を奪うようなアプローチが繰り返されているというのが実態です。自治体の未来を奪おうとしているのはそこです。

そこで、本書では、取り上げるデータとその解説を最小限に絞り込み、自治体のミッションから考える自治体の未来像を示すように原稿を書き直しました。何度でも繰り返しますが、自治体のミッションは「今日と同じように明日も暮らし続けられる」ことを市民に保障することです。それ以外のことは「余計なこと」です。

「余計なこと」を一切するな、というわけではありませんが、そこに手を出すことによって、自治体のミッションを見失う可能性が高くなるかもしれない。それこそ本末転倒です。本書でもそういう事例も書きました。

本書ではあまり理屈っぽくならないように努めましたので、もしご関心があれば、『地方自治講義』（ちくま新書、２０１７年）、「『スタンダード化』という宿痾――広域連携と合併との振り子運動から脱却するために」(『ガバナンス』2018年9月号)などの既刊書等をご参照ください。

もちろん自治体の未来は楽観的ではない。かといって悲観的でもない。確実に言えることは、こういう未来に向けて、地域社会や市民生活を守る役割を自治体が担うということです。変質された市町村像や基礎的自治体観に惑わされることなく、未来に向けて今日を生きていきたいと思います。

2018年9月

今井 照

著者紹介

今井　照（いまい・あきら）
公益財団法人地方自治総合研究所主任研究員。
1953年生まれ。博士（政策学）。東京大学文学部社会学専修課程卒業。
東京都教育庁（学校事務）、東京都大田区役所、福島大学行政政策学類を経て、2017年より現職。著書に『図解よくわかる地方自治のしくみ』『自治体のアウトソーシング』（以上、学陽書房）、『「平成大合併」の政治学』（公人社）、『自治体再建――原発避難と「移動する村」』『地方自治講義』(以上、ちくま新書)、編著に『福島インサイドストーリー――役場職員が見た原発避難と震災復興』『原発被災地の復興シナリオ・プランニング』（以上、公人の友社）、『市民自治のこれまで・これから』（公職研）などがある。

2040年
自治体の未来はこう変わる！

2018年９月28日　初版発行
2019年６月11日　３刷発行

著　者　今井《いまい》　照《あきら》
発行者　佐久間重嘉
発行所　学 陽 書 房
〒102-0072　東京都千代田区飯田橋1-9-3
営業部／電話　03-3261-1111　FAX　03-5211-3300
編集部／電話　03-3261-1112　FAX　03-5211-3301
http://www.gakuyo.co.jp/
振替　00170-4-84240

ブックデザイン／スタジオダンク
DTP制作・印刷／精文堂印刷
製本／東京美術紙工

ISBN 978-4-313-15092-8 C0034